청소년을 위한

#해시태그

한국 민주주의사

청소년을 위한 #해시태그 한국 민주주의사

조한성 지음

생각학교

차례

2부 '하나의 나라', 좌절된 꿈속에서 꿈틀거리는 정의 1945~1960

3부 군부 독재의 어두운 그림자와 민주화로 가는 길 1960~1979

4부

쓰레기 더미에서 민주주의 장미꽃이 활짝 피어나다 1979~현재

프롤로그

민주주의는 어떻게 만들어질까?

잠깐 생각해 봅시다. 우리나라의 주인은 누구이며, 어떤 정치 체제를 가지고 있나요? 모두가 잘 알고 있듯이 대한민국의 주인은 '국민'이죠? 국민의 뜻에 따라 대표자를 뽑고, 그 대표자를 통해 국민의 의사를 반영하여 통치하는 민주주의 국가가 대한민국입니다.

그렇다면 민주주의는 어떻게 만들어졌을까요? 흔히 민주주의는 고대 그리스 아테네에서 처음 시작됐다고 알려져 있어요. 작은 도시 국가였던 아테네에서는 모든 시민이 아고라(Agora)라는 광장에 모여 토론을 통해 국가의 중대사를 결정하고 통치했다고 하죠.

하지만 이후 민주주의는 아주 오랫동안 지구상에서 사라지고 말았어요. 대부분의 나라에서 권력은 한 사람 혹은 소수의 사람에게 독점되었고, 국민 대부분은 통치받는 대상으로 전락하고 말았거든요.

그런데 근대에 들어서면서 민주주의가 다시 등장했어요. 미국 독립 혁명과 프랑스 혁명을 거치면서 시민들이 민주주의를 부활시킨 거예요. 왕정에 맞서 싸우면서 자신들의 권리를 강화하기 위함이었습니다.

당시에 시민들이 어떤 생각으로 민주주의를 되살렸는지 살펴볼까요? 1776년 7월 4일 미국 독립 선언서에는 이런 말이 나와요.

"모든 사람은 평등하게 태어났고, 신은 그들에게 누구도 빼앗을 수 없는 몇 가지 권리를 주었다. 여기에는 생명과 자유와 행복 추구의 권리가 포함된다. 이 권리를 확보하기 위해 인민은 정부를 만들었으며, 정부의 정당한 권력은 인민의 동의에서 나온다. 정부가 이러한 목적을 파괴할 때, 인민은 언제든지 이를 바꾸고 새로이 조직할 권리가 있다."

모든 사람은 평등하다는 것, 그리고 태어날 때부터 누구도 빼앗을 수 없는 권리(천부 인권)를 받았다는 것, 인민은 자신에게 주어진 권리를 지키기 위해 정부를 구성했고, 정부는 인민의 권리를 보장할 의무가 있다는 것. 이것이 민주주의를 구성하는 가장 기본적인 원리입니다. 이 생각을 기준 삼아 시민들은 혁명을 일으켰고, 기존 왕정을 부수고 의회를 만들어 자신들이 주인이 되는 민주주의 통치 체제를 만들어갔습니다.

그렇다면 우리나라는 언제부터 민주주의를 받아들이게 됐을까요? 안타깝게도 많은 사람이 잘못 알고 있는 경우가 많아요. 1945년 해방과 함께 미군정이 들어오면서 민주주의가 시작됐다고 생각하는 사람이 많거든요. 보통 선거의 도입과 같은 각종 민주주의 제도가 본격적으로 들어온 것은 분명 이 시기가 맞아요. 하지만 우리나라 사람들이 민주주의에 대해 알게 되고 민주주의를 도입하기 위해 노력한 일은 그보다 훨씬 전부터랍니다. 그 시작은 1894년 동학 농민 운동 때까지 거슬러 올라가거든요.

이 책은 1894년 동학 농민 운동부터 2003년 김대중 정부까지 우리나라의 민주주의 역사를 다루고 있어요. 우리 국민이 처음 민주주의를 알고 도입하기 위해 노력하는 순간부터, 우리 손으로 정부를 세우고 각종 민주주의 제도를 도입해 민주주의를 완성해 나가는 모든 역사를 다루고 있죠. 하지만 여느 나라의 민주주의 역사가 그러하듯, 우리나라의 민주주의 역사도 순탄하지 않았어요. 정치인 가운데 일부가 자신에게 모든 권력을 집중하는 독재 정치를 휘둘렀거든요. 이로 인해 많은 시민들이 민주주의를 회복하기 위해 목숨을 걸고 싸워야 했죠. 결국 우리나라 민주주의는 민주주의를 파괴하는 사람과 민주주의를 지키려는 사람 사이의 지속적인 대결의 역사였어요.

싸움은 오늘날에도 계속되고 있어요. 권력을 잡은 사람들은 흔히 자신의 권력을 확대하려고 합니다. 그 과정에서 시민들의 권리는 침해되고, 민주주의는 망가지죠. 이를 막기 위해 시민들은 언제나 권력을 감시하고 자신의 권리가 침해되지 않도록 싸워야 합니다. 그래서 우리나라의 민주주의 역사를 아는 것이 중요해요. 현재 우리가 누리고 있는 민주주의는 우리 시민들이 권력에 맞서 지속적으로 싸운 결과로 얻어낸 것이니까요.

자, 이제 '한국 민주주의의 역사'를 한번 공부해 볼까요? 가볍게 옛날이야기를 듣는 것처럼 민주주의의 역사를 읽어보자고요. 여러분은 미래 한국이 누릴 민주주의를 만들어야 할 주역이에요. 한국 민주주의의 역사를 읽으면서, 여러분이 만들어 갈 미래 한국의 민주주의를 함께 상상해 봅시다.

1부

민주주의의 씨앗을 심다

1894~1945

#1

노비 문서를 불태우고 만민 평등을 외치다

전봉준과 동학 농민 운동

#전봉준 #만민_평등 #동학_농민_운동 #갑오개혁 #민주주의_역사의_시작 #사람이_곧_하늘이다

"노비 문서는 불태워 버릴 것
칠반천인의 대우는 개선하고
백정 머리에 쓰는 평량갓은
벗어버릴 것." -폐정개혁안

국왕이 통치하던 조선 시대라고 하면 민주주의와는 전혀 상관없는 먼 나라 이야기 같죠? 하지만 알고 보면 조선 후기는 현대 민주주의의 씨앗이 싹텄던 아주 중요한 시기랍니다. 동학 농민 운동과 갑오개혁에서 주창했던 '신분제 철폐', 즉 '만민 평등 사상'이 민주주의의 가장 기초적인 요소이기 때문이죠. 함께 만민 평등을 쟁취해 나간 그 시절로 떠나볼까요?

오늘날 대한민국의 주인은 누구인가요? 우리나라는 민주주의 국가이므로 당연히 이 나라의 주인은 국민입니다. 국민이 나라의 주권을 가지고 공정한 선거를 통해 자신이 원하는 대표를 뽑죠. 그리고 그 대표를 통해 자신의 뜻을 반영해 대한민국을 운영합니다.

하지만 예전에 있었던 조선이나 대한 제국은 그렇지 않았어요. 나라의 주인은 왕이나 황제였고, 그 한 사람이 절대적인 권력으로 국민의 의사와 상관없이 오로지 자신이 원하는 대로 통치할 수 있었습니다.

한 사람이 절대적인 권한을 가지면 어떤 문제가 생길까요? 한 사람이 나라의 모든 법과 제도를 좌지우지하므로 왕이나 황제에게 절대적인 능력이 필요해집니다. 오로지 그의 결정에 따라 나라가 운영되기 때문이죠. 역사적으로 유능한 왕이 나타나는 것은 흔한 일이 아니었어요. 오히려 나라를 제대로 다스리지 못하고 어리석은 판단으로 나라의 법과 제도를 무너뜨리는 무능한 왕이 훨씬 많았습니다. 하지만 이런 중에도 민주주의의 싹이 텄으니, 바로 #만민 평등한 세상이 이때 열렸기 때문이죠. 어떤 일이 일어났는지 함께 살펴볼까요?

민주주의의 시작점, 동학 농민 운동

조선 말기엔 크고 작은 민란이 많이 일어났어요. 나이가 어리거나 무능한 왕이 지속해서 나타나면서 몇몇 소수의 권세 있는 가문이 나라의 권력을 독점하는 세도 정치가 만연했거든요. 세도 정치가들은 자신의 권력과 부를 유지할 수 있다면 나라가 망해가든 말든 상관하지 않았어요. 공정하게 관리를 뽑는 대신 뇌물을 받고 관직을 사고팔았죠. 이렇게 관직에 오른 관리들은 어떻게 행동했을까요? 이들은 관리가 되기 위해 쓴 만큼의 돈을 벌어들이기 위해 주민에게 여러 가지 명목으로 부당한 세금을 부과했어요. 가혹한 세금을 감당하기 힘들었던 농민은 세금을 깎아달라고 간곡히 요청했어요. 하지만 그 요구는 거의 받아들여지지 않았죠. 농민은 어쩔 수 없이 몰래 고향을 떠나 전국을 떠도는 유민이 되거나, 무기를 들고 민란을 일으켰습니다.

1811년 홍경래의 난을 시작으로 농민은 거의 100년 가까이 싸웠어요. 특히 1862년에는 충청도, 경상도 등 삼남 지방에서 70여 차례나 민란이 일어났죠. 하지만 조선 정부는 끝내 이 문제를 해결하지 못했어요. 1890년대에 이르러 민란은 전국 각지에서 벌어졌어요. 그 민란의 정점에 1894년 #동학 농민 운동이 있었어요. 한국의 민주주의의 시작점이라고 할 수 있는 사건이었죠.

동학 농민 운동에 대해서 알려면 먼저 동학이 어떤 것인지 알아야겠죠? 동학은 1860년에 최제우라는 사람이 만든 새로운 종교예요. 천주교에 유교·불교·도교와 민간 신앙을 합쳐 만든 종교입니다.

천주교에서는 인간을 하느님이 만든 존재라고 가르쳐요. 하느님 아래 인간은 누구나 존엄하고 평등한 존재라는 것이죠. 양반을 중심으로 한 엄격한 신분 사회였던 조선에서 천주교의 교리는 사람들에게 매력적으로 다가왔어요. 여기에 깊은 영향을 받아 동학도 인간의 존엄과 평등을 주장합니다.

하지만 동학이 천주교의 전부를 받아들인 것은 아닙니다. 천주교는 서양에서 들어온 것이다 보니 제사를 지내지 않는 등 조선의 풍습과 맞지 않는 부분이 많았거든요. 그래서 동학은 민간 신앙과 유교·불교·도교 등 기존의 신앙으로 조선의 전통과 풍습을 끌어안았죠. '동학'이라는 이름을 갖게 된 것도 '서학'이라고 불렸던 천주교와 다르다는 점을 강조한 결과입니다.

동학을 믿는 사람들은 순식간에 불어났어요. 조선의 신분 사회를 위태롭게 한다는 이유로 천주교와 함께 엄청난 탄압을 받았지만, 시간이 갈수록 동학을 믿는 신도들은 늘어만 갔습니다. 1892년 동학 교도들은 공주와 삼례에 모여 정부의 탄압 과정에서 교수형을 당한 교주 최제우의 억울한 죽음을 풀어달라는 요구(교조 신원 운동)를 하기 시작합니다. 한마디로 동학을 믿을 신앙의 자유를 달라는 요구였어요. 이듬해인 1893년 3월에는 오늘날의 서울, 즉 한성에 가서 임금에게 상소를 내기도 했죠. 하지만 아무런 성과를 얻지 못하자 다시 그해 4월 보은과 금구에서 대규모 집회를 엽니다. 여기에 수만 명의 동학 농민들이 모여들었어요. 조선 정부는 이들을 반란 세력으로 판단하고 관리를 보내 해산시키려고 합니다. 그러자 동학 농민들은 이렇게 말합니다.

"저희들의 집회는 조그마한 무기도 가지고 있지 않으니 이는 바로 민회(民會)입니다. 일찍이 여러 나라에도 민회가 있다고 들었고, 조정의 정치와 법령이 불편한 것이 있으면 모여서 의논하여 결정하는 것이 근래의 일입니다. 어찌 저희들을 도적의 무리라고 하십니까?"

어떤가요? 동학 농민들이 민주주의의 첫발을 제대로 떼고 있는 것처럼 보이나요? 맞아요. 정부가 하는 일이 마음에 들지 않으면 집회를 열고 의견을 하나로 모아 정부가 바뀔 수 있도록 요구하는 것, 이것이 바로 민주주의의 첫걸음이라고 할 수 있습니다.

그런데 동학 농민들이 모인 효과는 여기에 그치지 않았어요. 일단 한곳에 많은 사람이 모여드니 여러 정보가 모이고, 수많은 의견이 오가기 시작한 것입니다. 그러다 보니 혼자 있을 때는 생각하지 못했던 것을 깨닫게 되고, 이렇게 많은 사람이 함께한다면 불가능한 것은 없으리라는 용기도 얻게 된 거예요. 이내 이러한 무리 속에서 세상을 바꾸고자 꿈꾸는 사람이 나타났어요. 바로 녹두 장군 #전봉준이에요.

'나라를 바로잡고 백성을 편안하게 만들겠다'

몰락한 양반이었던 전봉준은 서당 훈장을 하며 가난하게 살았지만, 세상을 바라보는 눈만큼은 날카로웠어요. 그는 민씨 세도가와 탐관오리의 부정부패로 무너져가는 조선을 안타깝게 지켜보다가 동학 교도가 됐어요. 아울러 손화중, 김개남 등 뜻을 함께할 동지를 만났죠. 그렇다고 곧바로 행동에 나설 순 없었어요. 조선을 바꾸겠다고 일어서는 것은 곧 국가에 대한 반역을 의미했으니까요.

하지만 세상은 그들을 가만 놔두지 않았습니다. 고부 군수 조병갑이 갖은 이유로 세금을 거두고 군민들에게 죄를 뒤집어씌워 재산을 빼앗는 등 온갖 악행을 저질렀기 때문이에요. 농민들은 전봉준을 앞세워 군수 조병갑에게 두 차례나 자신들의 억울한 사정을 진정했어요. 하지만 조병갑은 꿈쩍도 하지 않았답니다.

결국 전봉준은 동학 농민들과 함께 민란을 일으켰어요. 농민들은 무기를 들고 고부 관아로 쳐들어갔습니다. 조병갑은 이미

도망치고 없었어요. 농민들은 조병갑이 세금으로 거둔 양곡을 빼앗아 원래 주인들에게 돌려줬어요. 조병갑이 새로 쌓은 보(저수지)도 무너뜨렸고요. 이를 이유로 조병갑이 엄청난 물세를 부과했었거든요. 농민들은 조병갑과 함께 수탈에 앞장섰던 아전들도 모두 처벌했어요.

조선 정부는 그제야 조병갑의 죄를 알고 그를 파직했어요. 그리고 새로운 군수와 함께 사건을 조사할 관리를 보내 사건을 수습하게 했습니다. 새로 온 군수는 농민들을 위로하며 해산하기만 한다면 아무런 죄도 묻지 않겠다고 약속했어요. 농민들은 그 말을 믿고 해산했습니다. 하지만 사건을 조사하러 온 관리는 농민들이 해산하자마자 군내로 들어와 마구잡이로 주먹을 휘두르며 농민들을 붙잡아들였어요. 결국 참고 또 참았던 농민들의 분노가 다시 터졌어요. 전봉준은 농민군을 모아 전북 고창에 있는 무장현에서 봉기했어요.

"정승부터 수령까지 나라의 위태로움을 생각하지 않고 그저 자기 배를 불리고 자기 집안을 윤택하게 할 생각에만 골몰한다. 관리를 뽑는 길을 재물이 생기는 길로 생각해 과거 시험을 보는 장소는 물건을 사고파는 장터가 되었다. (…) 팔도는 어육이 되고 백성은 도탄에 빠졌는데도 수령들의 탐학은 그대로이니, 어찌 백성이 곤궁해지지 않겠는가."

동학 농민군들은 외칩니다. "우리는 초야에 사는 백성이지만 임금의 땅에서 먹고 입고 살고 있으니, 나라의 위태로움을 좌시하지 않겠다", "이에 팔도가 한마음으로 수많은 백성과 의논하여 오늘 이 의로운 깃발을 든다"라고 말입니다. 이어 그들은 다짐합니다. "죽음으로 맹세하여 나라를 바로잡고 백성을 편안하게 만들겠다(보국안민)"라고요. 조선을 바로 세우기 위한 동학 농민 운동은 이렇게 시작되었습니다.

전봉준의 동학 농민군 1만여 명은 파죽지세로 전주를 점령하고 전라도 지방을 장악합니다. 한심하게도 조선 정부는 스스로 해결할 생각을 하지 못하고 청나라에 군대를 요청했어요. 문제는 청나라가 군대를 보낸다는 소식을 듣자 일본도 곧바로 조선에 군대를 보냈다는 점이에요. 일본까지 군대를 보내자 위기를 느낀 조선 정부는 급히 농민군에게 싸움을 그만두자고 요청했어요. 동학 농민군 역시 위기를 느꼈기에 정부가 자신들이 요구하는 개혁안을 승인한다면 물러나겠다고 얘기하죠. 정부가 농민들의 개혁안을 받아들이면서 양측은 전주 화약을 맺고 싸움을 멈춥니다. 동학 농민군은 전주성에서 나와 각자 고향으로 돌아갔어요. 그리고 전라도 곳곳에 집강소라는 자치 기구를 만들어 자신들의 개혁안을 실천해 나갔습니다.

'만민 평등'을 꿈꾼 동학 농민

동학 농민군이 요구한 개혁안은 여러 가지입니다. 탐관오리의 죄상을 자세히 밝히라거나, 횡포한 부호와 불량한 양반을 처벌하라거나, 무명 잡세를 폐지하라는 내용은 부정부패가 만연한 당장의 현실에서 정의를 다시 세우라는 요구였어요. 하지만 이보다 더 중요한 것은 바로 이런 요구였죠. 노비 문서를 불태우고, 천민의 대우를 개선하며, 청상과부의 재혼을 허가하고, 토지를 균등하게 분배하고, 신분 차별 없이 인재를 등용하라는 것. 맞아요. 명확히 구분된 신분과 지위에 의해 차별을 당연히 여기는 '봉건적'인 조선 사회를 인간의 존엄과 평등이 지켜지는 사회로 바꾸자는 요구였어요.

정부도 동학 농민군의 요구를 받아들여 조선 사회를 개혁하고자 준비합니다. 하지만 정부는 계획을 제대로 실현하지 못합니다. 동학 농민군이 해산했는데도 철수하지 않은 일본군이 경복궁을 침략해 조선 정부를 무너뜨렸기 때문이에요. 일본은 친일 정부를 세우고 청일 전쟁을 일으킵니다. 일본의 목적은 조선에서 청 세력을 몰아내고 조선을 보호국으로 만들려는 것이었어요. 그 과정에서 일본은 조선 정부의 자율적인 개혁을 무너뜨리고 자신들에게 유리한 방향으로만 개혁하도록 조선 정부에 강요하죠. 이것이 바로 '#갑오개혁'입니다.

동학 농민군이 요구했던 사항들은 갑오개혁에서도 대부분 지켜져요. 동학 농민군이 요구했던 사항이 너무 기본적이어서 하지 않으면 안 되는 내용이었기 때문입니다. 노비 해방과 신분 차별 없는 인재 등용이 대표적인 예입니다. 이것으로 만민 평등의 세상이 열리기 시작했습니다. 하지만 타율적인 개혁이었기에 갑오개혁은 제대로 이루어지지 않고 여기저기 뒤틀리고 맙니다.

동학 농민군의 2차 봉기

일본군의 경복궁 침략과 청일 전쟁으로 나라가 위기에 처하자 전봉준은 다시 한번 봉기를 일으킵니다. 동학 농민군의 두 번째 봉기는 오로지 우리나라를 침략한 일본군을 몰아내기 위해서였어요. 추수가 한창인 농번기였기만 농민은 기꺼이 나라를 위해 일어섭니다. 전라도 삼례에 모인 동학 농민군은 10만 명이 넘었어요. 그만큼 농민들의 위기감이 컸던 것입니다. 자칫 나라를 잃을지도 모른다는 위기감 말입니다.

안타깝게도 동학 농민군은 일본군의 상대가 되지 못했어요. 우금치 전투 등 모든 전투는 근대적 무기로 무장한 일본군의 일방적인 학살에 가까웠어요. 이것으로 새로운 세상을 꿈꿨던 농민들의 꿈은 산산이 부서지고 말았어요. 만약 외세의 간섭이 없었다면 그들의 싸움은 승리하였을지도 모릅니다. 그랬다면 우리 역사는 우리 스스로의 힘으로 근대화를 이루었을지도 몰라요. 하지만 우리의 역사는 그렇게 흘러가지 않았습니다. 우리에게서 기회를 빼앗아간 것은 조선을 침략한 일본이었습니다. 그러나 동학 농민 운동은 우리의 역사에서 도도히 살아남아 만민 평등의 역사, 민주주의의 역사를 열었습니다.

#2

목소리를 합치면 힘이 된다

독립 협회와 만민 공동회

#독립_협회 #서재필 #만민_공동회 #최초의_근대적_대중_집회 #러시아는_물러가라!

"나라를 이롭게 하고 백성을 편리하게 하는 길은
관리와 백성이 합심한 후에야 가능하다고 생각합니다.
관리와 백성이 마음을 모아 우리 황제의 성덕에 보답하고
나라의 운세가 만만세를 누리게 합시다."

-백정 박성춘의 연설

여론 조사, 우리에겐 너무 익숙한 말이죠? 선거철이나 중요한 의제가 있을 때 국민의 의견을 듣는 것 말이에요. 우리에겐 당연한 일이 옛 선조들에겐 힘을 합치고 목소리를 높여 쟁취해 내야 했던 것이라는 사실 알고 있었나요? 대중들의 목소리를 모으고 외친, 민주주의의 기원이 된 사건을 살펴봅시다.

"러시아 재정 고문은 물러가라!"

"러시아 군사 교관을 해고하라!"

1898년 3월 10일, 서울 종로에 1만 명이 넘는 사람들이 모여 집회를 열었어요. 이름하여 만민 공동회. 1만 명이라고 하면 요즘 기준으로는 별로 많지 않지만, 당시엔 서울 인구가 20만 명도 안 되던 시절이라, 엄청나게 많은 사람이 운집한 것이었어요. 그만큼 사람들의 관심이 뜨거웠던 것입니다. 우리나라 #최초의 근대적 대중 집회로 기록된 이날, 도대체 무슨 일로 사람들이 들고일어났으며, 무엇이 훗날 민주주의의 초석이 된 것인지 함께 살펴볼까요?

최초의 자발적 사회단체, 독립 협회

잠깐 1895년으로 돌아가 봅시다. 이 해에 일본이 명성 황후를 시해한 사건이 일어났었죠? 이 일로 고종은 사실상 감금 상태에 빠지고 말았어요. 여기서 벗어나기 위해 고종이 러시아 공사관으로 몸을 피했다는 사실(아관 파천이라고도 하죠), 여러분 모두 알고 있죠? 고종은 러시아의 힘을 빌려 왕권을 되찾는 데 성공했어요. 하지만 한 나라의 왕이 다른 나라의 공사관에서 생활한다는 게 정상적인 일은 아니겠죠? 나라의 힘이 약해진 틈을 타 이때부터 러시아를 비롯한 서구 열강의 내정 간섭이 심해졌어요. 특히 러시아는 떡하니 우리의 조정과 관료들이 있는데도 감 놔라 배 놔라 참견하며 우리나라의 각종 이권을 침탈하려 했습니다. 이러한 러시아의 부당한 행동에 맞서 일어선 사람들이 있었어요. #독립 협회와 #만민 공동회가 바로 그것입니다.

독립 협회는 1896년 7월 만들어진 자발적인 사회단체였어요. 원래는 독립문과 독립관(우리나라가 자주 독립국임을 보이는 건물)의 건립을 목적으로 만들어진 단체였어요. 그러다 보니 이완용, 이상재 등 많은 정부 관료가 참여했어요. 독립문과 독립관을 지으려면 나라의 재정 지원이 제법 필요했는데, 지원을 원활하게 받으려면 관료들과 좋은 관계를 맺어야 했던 거예요. 그래서 초창기엔 정치적인 성격보다는 사교 모임 느낌이 강했습니다.

그런데 만들어진 지 1년여 만에 독립 협회는 성격이 180도 달라졌어요. 독립 협회를 주도하던 #서재필이 정기적으로 토론회를 열기 시작했거든요. 토론회의 목적은 두 가지였어요. 첫째는 자유 민권 사상에 대한 지식을 회원과 참가자들에게 널리 알리는 일이었어요. 둘째는 민주주의적 토론을 통해 여론을 하나로 모으는 것이었고요. 당연히 토론회의 주제도 이 두 가지 목적에 맞춰 정해졌겠죠? 민중을 계몽하기 위한 주제나 정부의 정책을 비판하는 주제가 바로 그것이었어요. 민중에게 민주주의를 가르치는 한편, 정부의 잘못된 정책에 대한 의견을 모아 정책을 고치고자 했던 거예요.

게다가 토론회에 참여할 수 있는 조건을 따로 정하지 않았기에 누구나 자유롭게 참여해 의견을 나눌 수 있었습니다. 명목상으로만 폐지되었던 신분제에 구속받지 않고 실질적으로 모든 계층이 함께할 수 있는 공론장을 만든 것이죠. 한글과 영어로 만들어지던 기관지《독립신문》을 활용하여 토론회의 주제와 그 결과를 널리 알리기도 했습니다.

그러자 토론회 참가자는 시간이 갈수록 크게 늘어났어요. 동시에 독립 협회에 가입하려는 사람도 엄청나게 많아졌고요. 독립 협회는 순식간에 우리나라를 대표하는 정치 사회단체가 됐어요. 정부와 사회 곳곳에 상당한 영향을 미치는 단체가 됐던 것입니다.

민중의 힘을 보여주다, 첫 번째 만민 공동회

독립 협회가 빠르게 성장하는 동안에도 러시아의 간섭은 심해져만 갔어요. 러시아는 우리나라에 군사 교관과 재정 고문을 파견한 것은 물론, 부산항 입구에 있는 절영도를 빌려 석탄을 공급받는 항구로 만들려고 했습니다. 이게 얼마나 황당한 일인지 생각해 보세요. 일단 남의 나라 땅을 빌린다는 것부터가 말이 안 되는데, 거기에다가 본인들의 기지를 세우겠다는 것이니 한마디로 땅을 빼앗겠다는 의미인 거잖아요. 그런데 독립 협회와 국민들이 가만 지켜보니 러시아의 이런 뻔뻔한 요구를 정부가 곧 들어줄 것 같은 거예요. 그래서 1898년 3월 10일, 종로에서 토론회를 열고 여론을 모아 정부에 직접 전달하기로 했습니다. 그렇게 만민 공동회를 기획한 것이죠.

지식인과 민중들이 힘을 모아 만들어낸 집회와 시위는 1898년 3월 벌어진 첫 번째 집회와 시위부터 엄청난 파괴력으로 나라를 뒤흔들었어요. 러시아는 우리나라에게 얻은 특권을 포기해야 했고, 우리나라 정부도 더 이상 러시아에게 특권을 줄 수 없었던 거예요.

집회와 결사의 자유에 대해서 들어보셨죠? 민주주의를 운영하는 데 가장 중요하다고 할 수 있는 기본적인 자유가 바로 집회·결사의 자유예요. 우리나라에서 그 집회와 결사를 처음으로 책임진 것이 바로 만민 공동회와 독립 협회예요.

민권을 해치는 연좌제와 가혹한 형벌을 폐지하라!

목소리를 합친다면 힘이 된다는 것을 깨달은 독립 협회는 만민 공동회를 통해 자주 국권과 자유 민권을 지키기 위한 싸움을 계속해 나갔어요. 나라의 힘을 키우고, 백성의 힘을 키우려면 왕을 비롯한 권력자의 힘을 축소해야 했죠. 하지만 권력을 가진 세력은 자신들의 힘이 약화되는 걸 원치 않았어요. 권력자들과의 대결에서 독립 협회는 최고 지도자 서재필을 잃었어요. 독립 협회의 영향력이 점점 커지자, 이를 우려한 보수파 관료들과 주한 일본·러시아 공사들이 공작을 꾸며 서재필을 미국으로 돌아가게 만들었던 거예요. 독립 협회는 단체의 주축이던 서재필을 잃었지만 포기하지 않고 싸움을 계속했어요.

1898년 9월, 고종의 총애를 받던 김홍륙이라는 신하가 비리를 저지른 혐의로 귀양을 가게 됐어요. 그러자 김홍륙은 앙심을 품고 고종의 찻잔에 아편을 넣었죠. 그 사실을 모르고 차를 마셨던 고종은 하마터면 죽을 뻔했어요. 김홍륙은 대역죄로 엄히 다스려졌어요.

사건을 수사하는 과정에서 많은 사람이 잡혀가 심한 고문을 받았어요. 여기에 보수적인 관료와 유생이 들고일어나 참수형과 연좌제까지 부활시키자고 했죠. 연좌제는 죄인뿐만 아니라 죄인의 가족까지 함께 처벌하는 것을 말해요. 참수형이나 연좌제는 너무 잔인하고 과도한 처벌 방식이어서 갑오개혁 때 폐지된 제도였어요. 그런데 많은 사람이 심한 고문을 받고, 참수형과 연좌제까지 부활시키자는 논의가 나오자 독립 협회는 더 이상 가만히 있을 수 없었어요. 이 모든 것이 민권을 심각하게 훼손하는 일이었기 때문입니다.

독립 협회는 고종에게 상소를 올려 이번 일을 주도한 보수파 내각의 퇴진을 요구했어요. 연일 만민 공동회도 열어 정부를 압박했죠. 12일 동안 매일 밤낮으로 집회와 시위가 계속되자 결국 고종은 보수파 관료들을 해임하고 개혁파 내각을 수립했어요. 독립 협회와 만민 공동회가 얻어 낸 또 한 번의 승리였어요.

독립 협회와 관민 공동회, 의회 설립을 꿈꾸다

독립 협회는 여기서 멈추지 않았어요. 개혁파 내각과 의논하여 기존에 설치되어 있던 '중추원'이라는 기구를 오늘날 국회와 같은 입법 기관인 의회로 바꾸는 일을 추진한 거예요. 의회 설립 운동의 시작이었죠. 독립 협회는 이 일을 관철시키기 위해 개혁파 내각과 함께 '관민 공동회'를 개최했어요. 관료와 민이 함께했다고 해서 관민 공동회라고 부릅니다.

이날 민을 대표해 연단에 오른 사람은 백정 출신의 박성춘이라는 사람이었어요. 그는 이렇게 말했습니다.

"나는 대한의 가장 천하고 무지한 사람입니다. 그러나 충군애국의 뜻은 대강 알고 있습니다. 나라를 이롭게 하고 백성을 편리하게 하는 길은 관리와 백성이 합심한 후에야 가능하다고 생각합니다. 관리와 백성이 마음을 모아 우리 황제의 성덕에 보답하고 나라의 운세가 만만세를 누리게 합시다."

당시 가장 차별받는 백정이라는 직업을 가진 박성춘은 새로운 만민 평등의 시대에 확대된 민중을 상징하는 인물이었어요. 그런 그가 모든 민중이 힘을 합쳐 나라를 길이 이롭게 하자고 했으니, 그의 연설이 주는 감동은 엄청날 수밖에 없었죠. 그런데 그가 한 말 가운데 주목해야 할 단어가 하나 있습니다. 바로 군주에게 충성한다는 뜻을 가진 '충군'이라는 말입니다. 이것이 독립 협회가 처한 모순적인 현실을 상징했기 때문이에요.

1897년 10월 고종은 국호를 대한 제국으로 고치고, 자신의 호칭도 왕에서 황제로 바꿨어요. 황제가 절대적인 권한을 갖는 전제 군주제를 꿈꾼 것이죠. 하지만 독립 협회의 의회 설립 운동은 필연적으로 황제의 절대적인 권한을 제한하게 돼 있었어요. 전제 군주제하에서의 의회 설립 운동은 입헌 군주제를 지향할 수밖에 없으니까요. 또 관민 공동회에서 독립 협회가 발표한 개혁안인 '헌의 6조'도 주로 황제의 권한을 제한하는 내용을 갖고 있었죠. 외국과 조약을 맺을 때는 외부 대신과 중추원 의장이 서명하지 않으면 시행하지 못하게 하고, 나라의 재정은 탁지부 외에는 간섭할 수 없게 하며, 예산과 결산은 모두 백성에게 공개한다는 등의 내용을 가진 개혁안이었으니까요.

독립 협회의 개혁안은 고종 황제의 생각과 부딪힐 수밖에 없었어요. 하지만 황제와의 충돌을 바라지 않았기에 자신들의 개혁안에 '충군'이라는 말을 앞세웠던 겁니다. 하지만 이것은 현실적으로 가능한 일이 아니었습니다.

결사와 집회라는 민주주의의 씨앗

고종은 독립 협회의 개혁안을 모두 받아들이는 듯했습니다. 중추원을 개편해 의회의 의원에 해당하는 의관을 정부에서 뽑는 관선 의관 25명, 민간에서 뽑는 민선 의관 25명을 두기로 했죠. 그리고 당장 선거가 불가능하니 당분간 민선 의관은 독립 협회에서 선출하기로 했어요. 헌의 6조도 모두 받아들였고요.

그런데 의관을 선출하기 전날 밤, 익명의 글이 뿌려집니다. 독립 협회 인사들이 의회 설립을 빌미로 황제를 몰아내고 대통령을 중심으로 한 공화국을 건설하려고 음모를 꾸미고 있다는 내용이었어요. 이 사실을 안 고종 황제는 기다렸다는 듯이 독립 협회 간부들을 체포하고 독립 협회 해산을 명령했어요. 민중의 집회와 시위에 밀려 독립 협회의 개혁안을 승인했지만, 기회가 생기자 곧바로 독립 협회를 공격하고 나선 거지요.

독립 협회 간부들의 체포 소식을 들은 민중은 다시 만민 공동회를 열었어요. 그리고 독립 협회 간부들의 석방과 함께 익명의 글을 뿌린 보수파 관료의 해임, 헌의 6조의 실시, 독립 협회의 재설립을 요구했죠. 보수파 관료들은 보부상 조직인 황국 협회를 동원하여 만민 공동회를 공격했어요. 하지만 분노한 민중이 가세한 만민 공동회는 황국 협회의 공격을 거뜬히 물리쳤죠. 결국 고종 황제는 경운궁 밖에까지 직접 나와 만민 공동회의 요구를 모두 받아들이겠다고 약속했어요. 민중은 그제야 집회를 멈추고 집으로 돌아갔어요.

하지만 고종 황제는 끝내 약속을 지키지 않았습니다. 군대와 황국 협회를 동원해 독립 협회와 만민 공동회를 불법화해 강제 해산시키고 지도자들을 대거 체포했어요. 이로써 대한 제국을 개혁하려던 독립 협회와 만민 공동회의 꿈은 모두 실패로 돌아가고 말았습니다. 물론 모두 끝난 것은 아니었습니다. 독립 협회와 만민 공동회가 뿌린 결사와 집회라는 씨앗은 점점 더 거대한 역사의 물결이 되었으니까요.

#3

새로운 세상을 상상하게 한 혁명

3·1 운동과 민족 자결주의

#3·1_운동 #집회와_시위 #민족_자결주의
#우리가_원하는_건 #독립과_민주주의

"모든 조선인은 오로지
두 가지를 열망하고 있었다.
독립과 민주주의.
실제로 그것은 오직
한 가지만을
원하는 것이었다.
자유." -김산

민주주의사에 갑자기 3·1운동이 왜 나올까 궁금한 친구들이 있을 거예요. 3·1운동은 우리 민족의 대표적인 독립운동이기도 하지만, 민주주의 운동이기도 해요. 그 이유가 궁금하다면 다음 장을 읽어봅시다. 제1차 세계 대전 이후 나타난 어떤 개념과 연관성이 있다고 하는데…!

1919년 3월 1일 오후 2시가 조금 넘은 시각, 서울 종로 탑골 공원에 수천 명의 사람들이 긴장된 표정으로 모여 있는 가운데, 한 남자가 독립 선언서를 낭독하기 시작했어요.

"우리는 조선의 독립국임과 조선인의 자주민임을 선언합니다."

사람들은 조선의 자주 독립이 선언되자 크게 환호했어요.

"역사 이래 처음으로 다른 민족의 압제에 뼈아픈 고통을 당한 지 이제 10년이 지났습니다."

"강화도 조약 이후 갖가지 약속을 배반했다고 하여 일본을 죄주려는 것이 아닙니다."

우리의 독립 선언은 오로지 정의와 인도(사람으로서 마땅히 지켜야 할 도리), 생존을 위한 민족적 요구였어요. 이는 우리 민족의 자유와 평등을 위한 자주 선언이었습니다.

"최후의 1인까지, 최후의 순간까지 민족의 정당한 의사를 흔쾌히 발표합시다."

"모든 행동은 질서를 최우선으로 하고, 우리의 주장과 태도를 언제나 떳떳하고 정당하게 합시다."

독립 선언서의 낭독이 끝나자, 사람들은 누가 먼저라고 할 것도 없이 '대한 독립 만세!'를 외쳤어요. 사람들은 학생들의 안내에 따라 질서 정연하게 탑골 공원을 빠져나갔어요. 그리고 대한 독립 만세를 외치며 행진을 시작했습니다. 민족 최대의 독립운동이자, 민족의 자유롭고 평등한 새 세상을 만들기 위한 #3·1 운동은 이렇게 시작됐어요.

자유와 평등, 민주주의를 위한 3·1 운동

3·1 운동을 기획한 사람들은 누굴까요? 먼저 일찌감치 중국에 망명해 활동하던 독립운동가들이 있었어요. 여운형이 바로 대표적인 인물이죠. 독립운동가들은 제1차 세계 대전 이후 세계 평화를 논의하던 파리 강화 회의에 김규식을 파견하고, 각지에 동지들을 보내 독립운동을 하자고 호소했어요. 다음으로 일본에 있던 유학생들도 큰 역할을 했어요. 이들은 일본에서 2·8 독립 선언을 하는 한편, 국내에 송계백을 파견해 독립운동을 일으키자고 설득했죠. 여기에 영향을 받고 국내에 있던 천도교인, 기독교인, 불교인 등 각계 종교인과 학생이 일어났어요. 이들은 자신들의 인맥과 조직을 총동원해 독립운동에 뛰어들었어요.

이렇듯 국내외의 많은 사람이 앞서거니 뒤서거니 하며 3·1 운동에 참여할 수 있었던 것은 제1차 세계 대전이 끝난 후 불었던 혁명적 분위기와 #민족 자결주의 때문이었어요. 민족 자결주의는 '각 민족은 자신의 정치적 운명을 스스로 결정할 권리가 있고, 다른 민족의 간섭을 받아서는 안 된다'는 사상이에요.

민족 자결주의는 서구의 몇몇 나라에서 이루어지던 민주주의를 세계 식민지에도 확대하는 것이나 마찬가지였어요. 민주주의가 무엇인가요? 국민이 주인이 되어 나라를 다스리는 것이죠? 민족 자결주의는 민족이 나라의 주인이 되어 다른 민족 간섭 없이 스스로 다스리자는 것이니, 사실상 그 의미가 민주주의와 크게 다르지 않았던 거예요. 결과적으로 민족 자결주의의 영향을 받아 일어난 3·1 운동은 우리 민족의 독립운동이자 자유와 평등, 민주주의를 얻기 위한 운동이었던 거죠.

그런데 3·1 운동이 시작되는 과정에서 한 가지 안타까운 일이 있었어요. '민족 대표'를 자처하며 독립 선언서에 서명했던 종교 지도자들이 독립 선언서를 발표한 후 스스로 경찰에 연락해 체포되는 길을 선택한 거예요. 자신들의 역할을 독립 선언서의 발표까지로 한정하고, 3·1 운동을 지도할 책임을 포기한 것입니다. 결국 3·1 운동은 제대로 된 지도자도 없이 학생들과 민중의 의지에 따라 진행될 수밖에 없었어요.

지도자가 없다는 것은 심각한 문제가 될 수 있었어요. 지도자가 없으면 운동이 언제 흐지부지될지 알 수 없고, 방향도 어디로 튈지 모르게 될 가능성이 높으니까요. 하지만 3·1 운동은 그렇지 않았어요. 지도자가 사라지자 사람들은 스스로 지도자가 되어 운동을 주도하기 시작했어요. 이들은 스스로 운동의 부족한 부분을 찾아 메꿔나갔습니다. '자발성'은 3·1 운동의 가장 큰 특징이자 무기였어요. 일본의 군대와 경찰이 아무리 폭력을 앞세워 진압해도 여기저기에서 새로운 사람이 나타나 #집회와 시위를 일으켰으니까요.

평화로운 집회와 시위

3월 1일, 서울과 평양 등 전국 7개 도시에서 동시다발적으로 벌어진 집회와 시위는 시간이 갈수록 전국 각지로 퍼져 나갔어요. 도시에서 집회와 시위에 참여했거나 목격한 사람들은 자기 고향으로 돌아가 집회와 시위를 일으켰어요. 어떤 사람들은 옆 마을에서 집회와 시위를 했다는 소문을 듣고 자기 마을에서 시위를 벌이기도 했고요. 아무도 그렇게 하라고 시킨 사람은 없었습니다. 하지만 사람들은 자발적으로 집회를 계획하고 시위를 벌여나갔던 거예요.

3·1 운동은 3월이 지나고 4월이 지날 때까지 전국을 뒤흔들었어요. 3·1 운동의 참여자 수는 당시 우리나라 사람 가운데 10명 중 한 명이라고 할 정도로 많았어요. 3·1 운동은 어떻게

이렇게 많은 사람이 참여하게 되었을까요?

그 이유 중 하나로 고종 황제의 죽음이 꼽힙니다. 고종이 3·1 운동이 벌어지기 한 달쯤 전에 지병도 없이 갑자기 사망하면서 일본 측이 독살한 게 아니냐는 의심이 사방으로 퍼져 나갔거든요. 나라를 지키지 못한 무능한 왕이었지만 그래도 우리나라를 상징하는 국왕이었어요. 그런 그가 독살됐다고 하니 사람들의 분노가 3·1 운동으로 모여 터지게 된 거예요.

하지만 3·1 운동이 커지게 된 더 근본적인 이유는 일본인의 폭력적인 통치와 차별이었습니다. 일본인은 우리나라 사람들의 가벼운 법령 위반도 무겁게 처벌했어요. 재판도 없이 즉결 처분을 내리기 일쑤였고, 태형을 때려 우리나라 사람을 모욕했습니다. 교육 차별도 심해서 우리나라 사람은 고등 교육을 받을 수 없었어요. 사소한 일상생활에서의 차별 역시 우리나라 사람들의 자존심을 긁었습니다. 대표적인 사례가 공중목욕탕 차별이었어요. 공중목욕탕 이용을 일본인에게만 허용하고 우리나라 사람은 이용하지 못하게 한 거예요. 결국 이러한 불만이 차츰 쌓여 3·1 운동을 민족 최대의 독립운동으로 만들었던 것입니다.

일본은 경찰과 군대, 소방대까지 총동원해 폭력적으로 시위를 막았어요. 서울에서는 외국인의 시선을 의식해 시위대에게 총을 쏘진 않았지만, 지방에서는 시위 첫날부터 총을 쏘며 우리나라 사람을 진압했습니다. 경찰과 소방대가 휘두른 칼과 갈고리에 심각한 부상을 당하는 경우도 많았어요. 이런 이유로 전국 각지에서 우리나라 사람의 인명 피해가 속출했죠. 경찰이나 헌병에 체포되는 사람도 많아서 전국의 감옥이 가득 찼고요.

하지만 우리나라 사람들은 끝까지 평화로운 시위와 집회를 하려고 노력했어요. 간혹 자신을 억압했던 경찰서나 면사무소는 파괴했지만, 일본인에게 직접적인 폭력을 가한 적은 거의 없었어요. 독립 선언서에도 나오지만 우리나라 사람들은 일본인보다 더 나은 문명을 갖고 있다고 자부했어요. 그렇기에 일본인의 폭력적인 진압에 똑같이 폭력이 아닌 평화로운 시위와 집회로 맞서고자 했던 거예요.

새로운 세상을 꿈꾸는 혁명

3·1 운동의 목적은 우리 민족의 독립 의식을 세계 만방에 보여주는 것이었어요. 이것으로 파리 강화 회의에 우리나라의 독립 문제를 제기해, 국제적인 합의를 통해 우리나라의 독립을 인정받고자 했지요.

그렇다면 우리나라 사람들이 3·1 운동을 통해 얻고자 했던 것은 무엇일까요? 15세의 나이에 3·1 운동을 경험했던 항일 독립투사 김산은 이렇게 말했습니다.

"모든 조선인은 오로지 두 가지를 열망하고 있었다. 독립과 민주주의. 실제로 그것은 오직 한 가지만을 원하는 것이었다. 자유."

우리나라 사람은 지금 자신들이 살기 어려운 이유가 나라가 없어서라고 생각했어요. 그래서 그들은 일본의 억압에서 벗어나길 바랐죠. 결국 그것은 자유를 원하는 것이었어요.

3·1 운동은 많은 사람에게 잊지 못할 경험을 남겼어요. 나중에 유명한 소설가가 되는 19세의 심훈도 그랬어요. 그는 이렇게 말했습니다.

"마음을 합하는 것만큼 큰 힘은 없습니다. 한데 뭉쳐 행동을 같이하는 것처럼 무서운 것은 없습니다. 우리는 언제나 그 큰 힘을 믿고 있습니다."

맞아요. 3·1 운동은 우리나라 사람에게 함께하는 힘이 얼마나 큰 용기를 주는지 깨닫게 해 주었어요. 그 힘과 용기는 일본의 식민 통치라는 벽을 뛰어넘어 새로운 세상을 열려는 마음을 우리에게 주었죠. 그것은 부당한 제도를 깨뜨리고 새로운 세상을 상상하게 했다는 점에서 혁명이었어요. 비록 그 혁명은 실패했지만 우리 민족의 가슴에 남아 두고두고 새로운 세상을 꿈꾸게 했습니다.

#4

임시 정부, 실패를 학습하며 나아가다

대한민국 임시 정부

#대한민국_임시_정부 #대한민국_임시_헌장 #민주_공화제
#지금_헌법이랑_똑같다고?

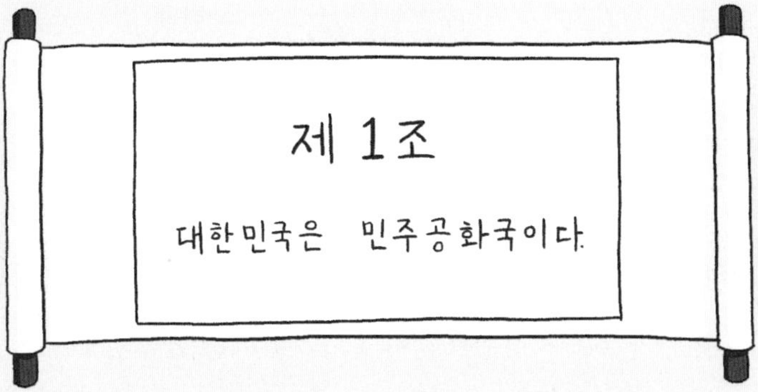

"대한민국은 민주 공화제로 한다."

-대한민국 임시 헌장 제1조

현재 대한민국 헌법의 제1조 1항이 무엇인지 여러분 알고 있나요? 바로 "대한민국은 민주공화국이다"입니다. 이는 대한민국 임시 헌장 제1조를 계승한 내용인데요, 국가의 뼈대가 되는 헌법의 첫 항을 이룬 임시 헌장이 만들어지기 까지의 이야기, 함께 살펴볼까요?

1919년 4월 10일 밤 10시, 상하이 김신부로에 있는 어느 집에 30명 정도의 사람이 모여 열띤 회의를 하고 있었어요. 3·1 운동에서 있었던 독립 선언에 이어, 그 후속으로 임시 정부 수립 문제를 논의하는 자리였죠. 대한 제국의 멸망 이후 새로운 정부를 세우는 문제이다 보니, 자연히 여러 의견이 충돌했어요. 논의가 하나로 모이지 않자, 한 사람이 자리에서 일어나며 말합니다.

"나는 가겠소."

그러자 한 젊은 청년이 문 앞을 막아서며 외쳤어요. 3·1 운동 당시 학생 대표 3명 중 한 명이었던 한위건이라는 청년이었어요.

"못 나가십니다. 정부 조직이 끝나기 전에는 한 걸음도 이 방에서 못 나가십니다. 지금 국내에서는 수많은 남녀 동포가 피를 흘리고 감옥에 들어가고 있습니다. 여러분이 그러한 동포를 생각하는 마음이 있으시면, 아무리 밤이 늦었다고 해도 이 자리에서 정부 조직을 끝내주십시오."

한위건의 울먹이는 외침에 사람들은 다시 자리에 앉아 회의를 진행했어요. 회의는 이튿날인 4월 11일 아침 10시에야 끝났어요. 우리나라 최초의 근대 국가이자 입헌 민주 공화국 정부인 #대한민국 임시 정부가 역사에 모습을 드러낸 순간이었어요.

임시 정부를 만들기 위해 모인 사람들

대한민국 임시 정부는 어떻게 만들어졌을까요? 1919년 3월, 한 남자가 중국 상하이에 들어오면서 시작되었어요. 그 남자는 민족 대표 33인을 대표해 상하이로 파견된 독립운동가이자 목사였던 현순이었어요. 그는 상하이에서 여운형이 조직한 독립운동 단체인 신한청년당 인사들과 만났어요. 그리고 2·8 독립 선언을 알리기 위해 일본에서 상하이로 온 이광수와도 함께했죠. 이들은 '독립 임시 사무소'라는 간판을 내걸고 활동을 시작했어요.

이들이 첫 번째로 한 일은 3·1 운동의 소식을 세계 언론 기관에 널리 알리는 것이었어요. 그리고 독립 선언 이후 어떻게 독립운동을 계속해 나갈지를 논의하기 시작했죠. 사람들은 대부분 독립운동을 지도할 최고 기관을 조직해야 한다고 생각했고, 그 형태는 정부 형태로 만들어야 한다고 여기는 이들이 많았어요.

임시 정부를 조직하는 작업은 중국 만주와 러시아 연해주에서 활동하던 독립운동가들이 대거 상하이로 들어오면서 본격화됐어요. 임시 정부는 어떻게 구성하고, 나라 이름은 어떻게 할까? 많은 사람이 모였으니 자연히 의견도 가지가지였겠죠? 하지만 여러 차례 의논하고 토론해 하나의 의견으로 모아나갔습니다.

드디어 4월 10일 밤 10시, 임시 정부를 구성하기 위한 마지막 회의가 열렸어요. 이 자리에 모인 30여 명의 독립운동가들은 먼저 국회에 해당하는 입법 기관으로 '임시 의정원'을 조직했어요. 우리 역사상 최초의 국회였죠. 원래라면 당연히 우리나라의 국민이 국회 의원을 선출하고, 그 국회 의원으로 국회를 구성해야 했어요. 하지만 우리는 나라를 잃은 상태였으니, 선거로 국회를 구성하는 대신 독립운동가들이 임시 의정원을 구성한 거예요. 이들은 우리나라가 독립하게 되면 1년 안에 정식으로 국회를 구성할 계획이었어요.

임시 의정원을 구성한 후 다음으로 한 일은 나라 이름 즉, 국호를 정하는 것이었어요. 여러 의견이 나왔지만, 국호는 다수의 의견에 따라 '대한민국'으로 정해졌어요. 역사적으로 '대한'이라는 이름을 오래 쓴 적이 없고, 망한 나라의 이름이니 쓰지 말자는 의견이 있었지만 '대한으로 망했으니 대한으로 흥하자'는 생각이 다수였던 거예요.

입헌 민주 공화국의 시작

국호를 정한 다음에는 임시 정부를 구성했어요. 임시 정부의 최고 지도자는 국무총리로 하고 그 아래에 내무, 외무, 재무, 교통, 군무, 법무 이렇게 6부를 두었죠. 국무총리로는 이승만이 선출됐어요. 그는 미국 하와이의 한인 사회에서 종교 지도자 겸 교육자로 활동하며 유명해진 인물이었어요. 이승만은 서울·경기·충청 출신의 기독교인에게 큰 기대를 받았어요. 독립 임시 사무소의 독립운동가 중에도 이 지역 기독교인이 많았기 때문에 국무총리로 선출될 수 있었죠. 이승만에게는 대단한 행운이었어요.

6부의 부장에도 내무 부장 안창호를 비롯하여 명망 높은 독립운동가들이 차례로 선출됐어요. 문제는 이들 대부분이 상하이에 있지 않고 미국이나 중국 만주, 러시아 연해주에 흩어져 있었다는 점이에요. 임시 정부 구성이 완료되는 대로 연락해 상하이로 불러들여야 했죠. 하지만 이들이 언제 올지 알 수 없으니 그 아래에 차장을 두고 상하이에 있는 젊은 독립운동가를 배치해 업무를 볼 수 있도록 했어요.

임시 정부 조직을 완료한 후에는 헌법에 해당하는 '#대한민국 임시 헌장'을 제정했어요. 10개 조항으로 구성된 짧은 헌법이었지만 여기에는 우리 민족이 원하는 모든 내용이 들어가 있었어요. 제1조부터 살펴볼까요? 제1조는 "대한민국은 민주 공화제로 한다"라는 조항이에요. 여기서 #민주 공화제란 국민이 대표를 뽑고, 그 대표가 헌법에 따라 국민의 뜻을 반영하여 통치하는 제도를 말해요. 오늘날 우리 대한민국도 민주 공화제를 채택하고 있죠? 맞아요. 1919년 임시 정부 이래 우리는 지금까지 민주 공화제를 유지하고 있는 거예요.

또 대한민국 임시 헌장은 모든 국민이 남녀노소, 빈부귀천 구별 없이 모두 평등하다는 것과 모든 국민이 종교·언론·출판·집회·결사·거주 이전·신체의 자유를 갖는다는 것, 모든 국민이 선거권과 피선거권을 갖는다는 것 등을 규정하고 있어요. 임시 정부는 오늘날 우리 대한민국이 그러하듯 국민의 기본권을 모두 헌법에 기록하고, 국민의 생활과 국가의 운영을 헌법으로 할 수 있도록 하는 입헌 민주 공화국을 추구한 거예요.

대한민국 임시 헌장까지 제정하면서 임시 정부를 위한 모든 논의가 끝났어요. 이때부터 새로운 역사가 시작됐어요. 입헌 민주 공화국 대한민국 임시 정부의 시작이었어요.

통합 임시 정부를 만들다

대한민국 임시 정부는 완벽하지 않았습니다. 모두 처음 하는 경험이었기에 그럴 수밖에 없었어요. 임시 정부는 부족한 부분이 생길 때마다 하나하나 고쳐나갔어요. 그런데 임시 정부는 수립 직후부터 중대한 문제에 직면했어요. 임시 정부가 상하이에서만 만들어진 것이 아니었거든요.

3·1 운동 이후 사람들 사이에서 독립운동의 최고 기관을 만들겠다는 생각이 널리 퍼짐에 따라 다른 두 곳에서도 임시 정부가 만들어졌던 거죠. 하나는 러시아 연해주에서 만들어진 '대한 국민 의회'였고, 다른 하나는 국내에 만들어진 '한성 정부'였어요.

민족의 힘을 하나로 모아 독립운동의 최고 기관을 만들려고 한 것인데, 졸지에 3개가 됐으니 독립운동가들은 하루빨리 임시 정부를 하나로 통합하려고 했어요. 이 문제를 주도적으로 해결한 사람은 1919년 5월 미국에서 중국 상하이로 온 안창호였어요. 그는 상하이 임시 정부와 대한 국민 의회를 모두 해산하고 국내에서 만들어진 한성 정부의 정부 조직안대로 통합 정부를 구성하자고 제안했죠. 3개의 임시 정부를 하나로 만들 최고의 계획이었어요.

상하이 임시 정부와 대한 국민 의회는 임시 정부의 위치를 상하이에 둘지, 아니면 연해주에 둘지를 두고 논쟁을 벌였어요. 상하이는 안전하고 교통이 편리한 데다 세계 강대국의 정보를 알기 쉽다는 장점이 있었고, 연해주는 광범위한 한인 사회가 있다는 점과 아울러 조선과 국경을 맞대고 있어 독립운동을 하기 좋았습니다. 격렬한 논의 끝에 양측은 임시 정부의 위치를 당분간 상하이에 두기로 했어요. 국호도 상하이 임시 정부가 정했던 대로 '대한민국 임시 정부'로 정했고요.

마침내 1919년 9월, 이승만을 대통령, 이동휘를 국무총리로 하는 통합된 대한민국 임시 정부가 출범했어요. 헌법도 대폭 고쳐서 모두 58개 조항으로 이루어진 '대한민국 임시 헌법'을 공포했어요. 전에 비하면 분량부터 엄청나게 늘어난 헌법이었어요. 통합된 대한민국 임시 정부의 가장 큰 특징은 우리 역사상 최초로 삼권 분립에 기초한 민주 공화제를 채택했다는 점이에요. 입법은 임시 의정원, 행정은 국무원, 사법은 법원이 맡는 형태였습니다. 곧이어 연해주에서 온 이동휘가 국무총리로 취임하고 노동국 총판에 안창호, 내무 총장에 이동녕, 재무 총장에 이시영 등이 자리하면서 임시 정부는 독립운동의 최고 기관이자 우리 민족을 대표하는 입헌 민주 공화국 정부로 활약하게 됐어요.

민주주의 제도의 연습

대한민국 임시 정부는 1919년 4월부터 1945년 8월 해방될 때까지 조직을 유지했어요. 그동안 힘이 약해지기도 하고 전쟁을 피해 이리저리 옮겨 다녀야 하기도 했지만, 꿋꿋이 살아남아 임시 정부로서의 역할을 충실히 해냈죠. 그동안 임시 정부는 모두 여섯 차례에 걸쳐 헌법을 개정하면서 여러 민주주의 제도를 실험했어요.

고난도 있었습니다. 초대 대통령 이승만을 탄핵해야 했던 일이 대표적인 예입니다. 이승만은 상하이에 와서 근무하지도 않고 임시 정부의 재정 수입을 방해하며, 임시 의정원과 임시 정부, 임시 헌법을 부정한 죄로 탄핵당했어요. 그런데 초대 대통령을 탄핵까지 해야 했던 데에는 임시 정부의 실수도 있었어요. 헌법에 대통령의 임기를 정하지 않아서 대통령을 물러나게 하려면 탄핵밖에는 방법이 없었던 거예요.

임시 정부는 이런 실수를 통해 민주주의를 학습했어요. 피가 되고 살이 되는 소중한 경험이었습니다.

#5

개인에서 조직으로, 풀뿌리 민주주의의 시작 신간회와 사회 운동

#신간회 #사회단체 #풀뿌리_민주주의 #대중의_힘을_보여줘
#농민_노동자_여성_청년

"우리는 전민족의 총역량을 집중하여 민족적 대표기관이 되기를 기함."
–신간회 강령 2조

풀뿌리 민주주의란 국민 개개인이 함께 민주적 역량을 키워 문제를 해결하는 것이라고 하죠. 개인이 민주적 성숙함을 갖출 때 건강한 민주 사회가 실현되기에 민주주의의 중요한 요소 중 하나입니다. 우리 역사 속 풀뿌리 민주주의의 기원이 되는 사람들의 이야기, 함께 살펴볼까요?

"조선의 노동자·농민 대중이여, 단결하라!"

"각종 노예를 해방하라!"

1920년 4월 서울 인사동의 한 음식점에 인력거를 끄는 노동자, 물건을 나르는 지게꾼, 신문을 배달하는 배달부 등 다양한 일을 하는 노동자가 모였어요. 이들은 인권과 자유·평등의 보장, 민족적 차별의 폐지, 아직도 사회 곳곳에 남아 있던 신분 차별의 철폐를 외치며 자신들의 권리를 지키기 위한 단체를 만들었어요. 식민지 조선에서 최초로 만들어진 전국적인 노동단체, '조선 노동 공제회'가 바로 그것이었어요.

사회단체 설립 열풍이 불다

3·1 운동 이후 집회·결사의 자유가 부분적으로 허용되면서 식민지 조선은 각종 #사회단체 설립 열풍에 휩싸였어요. 청년, 노동자, 농민, 여성, 그 외 여러 계층의 사람이 자신과 뜻을 함께 하는 이를 모아 다양한 목적을 가진 사회단체를 만들기 시작한 거예요.

청년들은 청년회를 만들어 청년 운동을 일으켰고요, 노동자와 농민은 노동·농민 운동 단체를 만들어 지금까지 무시당해 왔던 스스로의 이익을 보호했어요. 여성들은 여성 단체를 만들어 '여성도 사람이다!'라는 구호를 외치며, 극심한 여성 차별이 존재해 왔던 조선 사회를 변화시키고자 했고요. 백정들 역시 단체를 만들어 아직도 사회 곳곳에 남아 있던 신분 차별을 없애기 위해 싸웠어요.

이외에도 갖가지 단체를 만들었어요. 술을 끊기 위해 만든 금주 단체, 정신을 수양하기 위해 만든 수양 단체, 사람들과의 친목을 위한 친목 단체, 교육을 위해 만든 교육 단체, 종교적 목적을 위해 만든 종교 단체까지 별의별 단체가 설립됐죠.

사실 이러한 사회단체 설립 열풍은 1897년 독립 협회 설립 이후에 처음 나타나 전국적으로 크게 유행했었어요. 그러나 1910년 8월 일제가 대한 제국을 합병하며 모든 사회단체를 강제로 해산시키면서 사그라들고 말았죠. 그런데 3·1 운동으로 다시 집회·결사의 자유가 허용되면서 사회단체 설립 열풍이 재차 일어나게 된 거예요.

오랫동안 하고 싶어도 억눌려 못하는 것이었기에 새롭게 불어온 바람은 예전보다 훨씬 강력한 힘을 발휘했어요. 1922년 조사 결과에 의하면 전국에 설립된 청년회는 488개, 노동 단체 81개, 소작인 단체 23개, 여성 단체 29개, 금주 단체 75개, 사교 단체 146개, 수양 단체 84개, 종교 단체 271개에 이르렀다고 하니, 사회단체 설립 열풍이 얼마나 대단했는지 알 수 있겠죠?

사회단체 속 민주주의

이렇듯 개인이 공적인 목적을 실현하기 위해 사회단체를 조직하고 활동하는 것은 민주주의의 기초가 되는 시민 사회를 발전시키는 효과가 있어요. 생각해 보세요. 사회단체 활동은 개인이 자발적인 참여를 통해 자신이 살고 있는 지역에서 자신이 처한 현실을 바꾸기 위해 활동하는 것이에요. 그러니 사회단체 활동은 개개인이 주인이 되는 민주주의 활동일 수밖에 없겠죠? 이러한 활동이 하나둘 모이다 보면 시민 사회를 발전시키게 되는 거고요.

또 사회단체에서 어떤 활동을 하려면 각 구성원이 토론해서 자신들의 의사를 결정해야 해요. 스스로의 활동을 원활하게 하기 위해서는 의사를 대변해 줄 대표도 선출해야 하고요. 이렇듯 사회단체 활동은 참여자에게 끊임없이 민주주의 제도와 절차를 요구해요. 이 과정에서 사회단체 참여자는 자연스럽게 형식적인 민주주의 제도와 절차를 익히게 되는 것입니다.

문제는 일제 당국이었어요. 일제는 우리나라 사람의 사회단체 활동을 달가워하지 않았어요. 사회단체 활동을 하다 보면 현재의 문제를 고치려고 나서게 되고, 그러다 보면 일제의 통치 제도에 문제 제기할 수밖에 없었으니까요. 일제 당국은 사회단체가 회의할 때마다 경찰관을 보내 감시했고, 조금이라도 거슬리는 말이 나오면 곧바로 회의를 해산시켜 버렸어요. 총회라도 개최하려 하면 아예 개최를 허가하지 않아 제대로 활동하지 못하게 막기도 했고요. 결국 우리 민족의 사회단체 활동은 제대로 이루어질 수 없었어요. 이로 인해 제대로 된 시민 사회를 만드는 데에도 큰 방해가 되었고요.

사회단체의 지도 단체가 등장하다

그럼에도 불구하고 우리 민족의 사회단체 활동은 시간이 갈수록 활발해졌어요. 초기에 유행처럼 번졌던 열기가 점차 가라앉고 실제로 구체적인 활동을 할 수 있는 사회단체만 남게 되면서 안정적인 활동을 펼치게 되었습니다. 이들은 점차 전국적인 지도 기관의 필요성을 깨닫게 되었고, 뜻을 하나로 모아 전국적인 통일 단체를 만들어가게 되었죠.

청년회를 예로 들어볼까요? 청년회 설립이 유행처럼 번지면서 처음에는 지역에서 힘깨나 쓴다는 사람들이 마구잡이로 청년회를 설립한 경우가 많았어요. 청년회장이라는 그럴듯한 직함을 얻는 것이 최대의 목적이었던 것이죠. 이런 단체들은 대부분 구체적인 활동 계획이 없었어요. 그러니 별다른 활동을 하지 못했겠죠?

전국 각지에서 청년회가 우후죽순처럼 설립되자 사람들은 하나의 지도 기관이 필요하다고 생각하게 됩니다. 그래서 1920년 12월 '조선 청년회 연합회'를 거쳐 1924년 4월 '조선 청년 총동맹'이 창립되죠. 전국 223개 청년 단체가 참가해 행동을 통일한 조선 최고의 청년 단체였어요.

청년회만 힘을 모은 게 아니었어요. 전국의 노동자·농민도 힘을 모아 통일된 단체를 조직하게 됩니다. 1924년 4월 설립된 '전국 노농 총동맹'이 바로 그런 단체였어요. 전국 172개 노동자·농민 단체가 모여 조직한 통일 조직이었어요. 이 단체는 3년 뒤인 1927년 9월 전국 노동 총동맹과 전국 농민 총동맹으로 분리되어 각각 노동 운동과 농민 운동을 책임지게 돼요.

전국적인 사회단체가 속속 등장하면서 사회단체의 영향력은 날이 갈수록 높아졌어요. 그럴수록 일제의 감시와 탄압도 강해졌지만, 우리나라 사람들은 굴하지 않고 활동을 계속해 나갔어요. 이런 분위기 속에서 등장한 것이 민족 최대의 사회단체인 '#신간회'였어요.

민족 최대의 사회단체, 신간회

1927년 2월, 서울 종로에서 신간회가 창립됐습니다. 신간회는 해외에서 불어온 민족 유일당 운동의 영향을 받아 민족주의자와 사회주의자가 함께한 민족 최대의 합법적인 사회단체이자 민족 운동 단체였어요.

신간회의 초대 회장은 사회 운동가로 이름 높았던 이상재가 선출됐어요. 부회장은 천도교 구파 지도자로 3·1 운동 당시 민족 대표 33인 중 하나였던 권동진이 뽑혔어요. 그리고 그 아래 35명의 간사를 뽑아 신간회의 중앙 본부를 구성했어요.

신간회는 거의 모든 사회 운동과 민족 운동에 참여하고자 했어요. 전국 각지에서 벌어지는 노동 운동과 소작 쟁의에 대표를 파견해 현지 상황을 조사하고 대책을 마련하고자 했습니다. 학생들의 동맹 휴학에도 지원을 아끼지 않았고, 조선인들의 각종 권익 옹호 운동에도 적극적으로 참여했죠. 언론·출판·집회·결사 탄압을 규탄하는 운동에도 열심이었고, 일본인의 조선인 차별에 반대하는 운동에도 적극 동참했어요.

신간회의 힘은 점점 강해졌어요. 그러자 일제는 신간회 활동을 탄압하기 시작했어요. 조선 총독부는 신간회 정기 대회를 금지하는 한편, 신간회 중앙 간부가 많았던 《조선일보》를 정간(감독관청의 명령으로 신문, 잡지 따위의 정기 간행물의 발간을 일시적으로 중지함)시켜 신간회 탈퇴를 강요했어요. 이에 따라 신간회의 중앙 조직은 큰 타격을 받게 되었습니다.

풀뿌리 민주주의의 시작

신간회는 정기 대회가 금지되자 '복대표 대회'라는 새로운 회의 방식을 만들어 중앙 조직을 개편했어요. 복대표 대회란 여러 지회에서 공동으로 한 명의 대표자를 뽑아, 소수의 대표자가 회의를 여는 방식으로 정기 대회를 대신하게 한 것이에요. 정기 대회가 불가능한 상황에서 민주주의 원칙을 훼손하지 않고 중앙 조직을 개편하기 위해 고안한 방법이었죠.

이를 통해 신간회는 변호사로 이름 높았던 허헌을 중심으로 새로운 중앙 조직을 구성했어요. 이전보다 훨씬 강한 민족주의자와 사회주의자로 구성된 조직이었어요. 허헌의 중앙 조직은 지회의 요구를 적극 수용하면서 신간회에 새로운 바람을 불러일으켰어요.

신간회는 광주 학생 항일 운동이 일어나자 곧바로 허헌과 황상규 등 중앙 간부를 파견해 광주의 상황을 조사하는 등 적극적으로 대응했어요. 신간회는 12월 14일 민중 대회를 열어 광주의 상황을 알리고 일제의 탄압 정책을 비판하고자 했어요. 그러나 경찰은 민중 대회 하루 전날인 12월 13일, 허헌 등 신간회 간부 수십 명을 긴급 체포했어요. 이에 신간회의 중앙 조직은 무너지고 말았어요.

이후 새로운 중앙 조직이 들어섰지만, 예전의 활력을 되찾지는 못했어요. 새로운 중앙 조직은 훨씬 더 타협적인 인사들로 구성돼 있었거든요. 여기에 신간회를 약화시키려는 조선 총독부의 노력이 점점 더 심해지고, 타협적인 자치론자들이 신간회 조직에 야금야금 들어오면서 신간회는 점점 더 타협적이고 나약한 단체가 되고 말았죠. 결국 신간회는 1931년 5월 해산되고 말았어요.

사회단체를 통한 우리 민족의 활동은 #풀뿌리 민주주의의 시작이었어요. 사회단체 활동을 통해 사람들은 민주주의의 제도와 절차를 배우고, 토론을 통해 의견을 나누고 협의하는 방법을 배웠습니다. 일제는 끊임없이 우리 민족을 억압하고 방해했지만 민주주의를 익히고 훈련하는 것까지 완전히 막을 수는 없었어요.

#6

우리의 함성으로 감옥의 동무들을 응원하자 광주 학생 항일 운동

#학생들 #동맹_휴학 #학교_내_민주주의 #광주_학생_항일_운동 #학생_대중아 #궐기하자!

"학생 대중아 궐기하자! 교우회 자치권을 획득하자! 집회·출판·결사의 자유를 획득하자."

-광주 학생 항일 운동 격문

여러분, 우리나라 민주주의 역사의 중심엔 항상 학생들이 있다는 사실, 눈치챘나요? 더 나은 미래를 위해 자유를 당차게 외치는 학생 운동의 기원이 되는 민주주의 사건은 무엇일까요?

"우리가 노예인가? 왜 우리를 무조건 순종시키려고만 하느냐?"

"질문을 하면 제대로 대답은 해주지 않고, 왜 맨날 우리에게 좀 더 생각해 오라고 하느냐?"

"말끝마다 일본인이 세계 최고라고 자랑하면서, 왜 조선인은 교활하고 야만스럽다고 하느냐?"

1926년 6월 25일, 제주 공립 농업 학교 2학년 학생들이 전라남도 학무과에 탄원서를 제출하고 집단적으로 수업을 거부했어요. 이 학교에서 근무하던 한 일본인 교사에 대해 #학생들의 불만이 폭발했기 때문이었어요.

학생들의 말에 따르면 이 일본인 교사는 수업을 제대로 하지도 않으면서 질문도 받아주지 않고, 학생들에게 무조건 순종할 것을 강요했어요. 특히 그는 말끝마다 민족을 차별하는 말을 해 학생들의 분노를 샀어요.

결국 학생들은 학교 당국과 전라남도 교육 당국에 문제를 제기하며 집단 행동에 나섰어요. 수업을 거부하고 문제를 고치기를 요구하고 나선 것인데, 당시에는 이를 '#동맹 휴학'이라고 불렀어요. 동맹 휴학은 1920년대에 많이 일어났는데, 특히 1927년 이후 폭발적으로 증가해 전국을 소란하게 만들었어요. '동맹 휴학의 시대'라 불릴 만큼 대단했습니다.

동맹 휴학의 시대

동맹 휴학의 원인은 무엇이었을까요? 대부분은 민족 차별 때문이었어요. 민족적 모멸감을 주거나 민족 감정을 자극하는 일본인 교사의 발언이나 수업 태도가 문제가 되었지요.

우리 민족을 일본 제국의 신민으로 삼으려고 하는 일제의 기본적인 교육 정책도 문제였어요. 일제 당국은 일본어 교육을 강화함과 동시에 우리말과 우리글에 대한 교육을 최소화했어요. 또 일본 역사의 일부로 우리 역사를 가르치면서 역사를 왜곡하기 일쑤였죠.

학생들은 일본 신민화 교육, 식민지 노예 교육을 반대했어요. 우리 말글을 기본으로 하여 우리 역사를 제대로 가르치라고 요구했죠. 또 언론·출판·집회의 자유도 주장했고 학생회의 자치, 군사 교육의 반대도 요구했어요.

동맹 휴학은 단순히 학생들의 불만을 해결하기 위한 행동이 아니었어요. 동맹 휴학은 3·1 운동 때 본격적으로 요구했으나 아직 제대로 고쳐지지 않았던 민족 차별에 대한 문제 제기였어요. 또 일본의 통치 정책에 반대하는 집단적 행동이자, #학교

내 민주주의를 얻어 내기 위한 요구이기도 했고요. 일제 당국은 자신들에게 맞서 민족 고유의 교육과 민주주의를 요구하는 학생들의 동맹 휴학을 '항일 운동'이라고 판단하고 탄압했어요.

학생들은 저항을 멈추지 않았어요. 학생들의 동맹 휴학을 통한 항일 운동의 정점에 '#광주 학생 항일 운동'이 있었어요.

민족 차별에 맞서 일어난 학생들

광주 학생 항일 운동은 1929년 10월 30일 어느 가을날, 우연히 발생한 민족 차별 사건이 계기가 되어 벌어졌어요. 일본인 남학생들이 우리 여학생들에게 무례한 행동을 해서 우리 남학생들과 싸움이 벌어졌는데, 일본인 경찰이 우리 학생들만 꾸짖고 뺨을 때리며 모욕해 분노를 샀기 때문이에요.

하지만 정작 사건을 키운 건 일본인 학생들이었어요. 어른들의 일방적인 편들기에도 불구하고 일본인 학생들은 몇 차례 우리 학생들과 싸움을 벌였다가 매번 두들겨 맞았기에, 11월 3일 보복을 하겠다고 칼까지 들고 나와 싸움을 건 거예요.

이날은 일요일이었지만, '메이지 국왕 탄생 기념일'이어서 기념식에 참석하기 위해 학교에 가야 했어요. 우리 학생들은 착잡한 마음으로 정복자의 기념식에 참석했어요. 더구나 이날은 음력 10월 3일 개천절이어서 더 우울했습니다. 그런데 일본인 학생들이 이렇게 대놓고 싸움을 거니, 우리 학생들도 더 이상 참지 못했어요. 양측은 광주역에서 집단적인 패싸움을 벌였어요.

싸움은 경찰과 소방대가 긴급 출동하고, 교사들이 나서서 말리면서 간신히 진정됐어요. 일단 학생들은 모두 각자의 학교로 돌아갔어요. 우리 학생들은 광주 고등 보통학교 체육관으로 이동해 회의를 열었어요.

한참 논의한 끝에 광주 고등 보통학교 학생들은 각목과 곤봉으로 무장하고, 일본인 학생들이 다니는 광주 중학교로 향했어요. 위력적인 시위를 통해 다시는 일본인 학생들이 조선인 학생들을 해코지하지 못하게 하겠다는 계획이었죠. 여기에는 광주 농업 학교 학생도 함께해서 시위대는 약 300명에 달했어요.

하지만 경찰과 소방대가 길을 막는 바람에 시위대는 광주 중학교로 가지 못하고 광주 시내로 방향을 바꿨어요. 도중에 전남 사범 학교와 광주 여자 고등 보통학교 학생들이 시위에 참가하면서 시위대의 숫자는 더욱더 늘어났습니다. 시위대는 교가와 운동가를 부르며 시내를 행진하다가 오후 3시경 해산했어요. 경찰과 소방대는 시내 곳곳에서 시위대 앞을 막아섰지만, 시위대의 행진을 완전히 막지는 못했어요.

학생 대중아, 궐기하자!

조선인 학생과 일본인 학생의 집단적인 패싸움이 순식간에 제대로 된 거리 시위로 발전한 데에는 동맹 휴학의 경험이 큰 영향을 미쳤어요. 또한 시위를 지휘한 장재성의 역할도 컸고요. 장재성은 광주 고등 보통학교 졸업생이었어요. 학교 재학 중 1926년 11월 '성진회'라는 비밀 단체를 만들어 사회주의 서적을 공부하는 독서회 활동을 했었죠.

이후 장재성은 일본 주오 대학으로 유학을 떠났어요. 그런데 그는 도중에 학교를 그만두고 조선으로 돌아왔어요. 해마다 동맹 휴학이 반복되는 조선의 암울한 현실을 바꾸기 위해 사회운동에 뛰어들 생각이었죠. 그는 광주의 각 학교에 독서회를 새롭게 조직하고, 각 독서회를 지도할 기관으로 '독서회 중앙부'를 조직했어요. 장재성이 만든 이 조직이 바로 11월 3일 거리 시위를 질서정연하게 만든 원동력이었죠.

일본인들은 11월 3일의 시위에 큰 충격을 받았어요. 경찰이 시위를 제대로 막지 못하는 것을 보고, 자신들이 만든 사회 질서가 순식간에 무너질 수 있음을 깨닫게 된 거죠. 그들은 조선총독부에 군대 파견을 요청하고, 시위를 주도한 광주 고등 보통학교를 폐교하라고 목소리를 높였어요. 그러자 경찰은 70명이 넘는 조선인 학생들을 체포했어요. 부상으로 입원한 학생까지 모조리 끌고 갔죠. 체포된 일본인 학생은 겨우 7명이었어요. 그나마도 금방 풀어줬고요.

일제 당국의 차별적 처벌에 학생들은 더욱 분노했어요. 장재성은 독서회 학생들과 함께 두 번째 시위를 준비했어요. 검거된 학생들을 석방시키기 위한 시위였습니다. 여기에는 광주에서 활동하던 여러 사회단체 활동가도 적극 참여했어요. 전남청년 연맹 위원장으로 활동하며 전남 사회주의 운동에 깊숙이 관여했던 장석천이 대표적인 인물이었죠.

11월 12일 제2차 시위가 시작됐어요. 광주 고등 보통학교 학생들은 독서회 회원들의 지휘에 따라 구호를 외치면서 일제히 교실 밖으로 뛰쳐나갔죠. '구속 학생 석방하라!', '식민지 노예 교육을 철폐하라!' 이것이 학생들이 외친 대표적인 구호였어요. 학생들은 '학생 대중아, 궐기하자!', '조선 민중아, 궐기하자!'고 쓰인 격문도 배포했어요. 학생들은 광주 형무소로 행진했어요. 구호로라도 감옥에 있는 학생들을 응원하려는 것이었어요. 시위에 참가한 학생은 광주 고등 보통학교 학생 300여 명, 광주 농업 학교 학생 200여 명에 달했어요.

경찰은 광주 주변 지역의 경찰력까지 모두 동원해 시위를 진압했어요. 그들은 학생들을 포위하고 체포하기 시작했어요. 체포된 학생은 250여 명이나 됐어요. 청년 단체 회원 160명도 검거됐어요. 학생들의 배후라는 이유에서였죠. 장재성과 독서회 회원들도 대부분 경찰에 체포되고 말았어요. 하지만 몇 명은 광주를 탈출하는 데 성공했어요. 그중에 장석천도 끼어 있었어요.

전국으로 퍼져 나간 시위

장석천은 서울로 올라와 여러 학생·청년 활동가를 만났어요. 그는 광주의 소식을 전하는 한편, 함께 시위에 나서자고 설득했어요. 서울의 학생·청년들은 처음엔 부정적이었지만, 장석천이 거듭 설득하자 함께하기로 마음을 바꿨어요. 조선 최대의 청년 단체인 조선 청년 총동맹과 각 학교 독서회를 지도하고 있던 조선 학생 전위 동맹이 여기에 함께했어요.

서울의 첫 시위는 12월 5일 제2 고등 보통학교에서 시작됐어요. 그러자 중동 학교와 제1 고등 보통학교 등 서울 시내 학교들이 연이어 동맹 휴학에 들어갔죠. 그리고 12월 9일 대규모 연합 시위가 벌어졌어요. 서울 시내 학교들이 일제히 거리로 쏟아져 나왔던 거예요. 시위에는 경신·보성·중앙·휘문 등 서울 시내 주요 학교들이 모두 참여했어요. 광주의 학생들과 마찬가지로 이들은 '광주 학생 석방', '식민지 노예 교육 반대'를 외쳤습니다.

이날 하루 동안 경찰에 구속된 학생과 시민들은 1200명이 넘었어요. 그럼에도 학생들의 동맹 휴학과 시위 운동은 좀처럼 줄어들지 않았어요. 일제 당국은 방학을 앞당기는 방법으로 억지로 학교 문을 닫아 사태를 진정시켰어요. 상황은 안정되는 듯했어요. 하지만 그건 착각이었죠. 1930년 1월 학교 문이 열리자 신의주부터 부산까지 전국 대부분의 도시에서 다시 동맹휴학과 학생 시위가 일어났거든요. 이 대열에 여학생들도 함께했어요. 허정숙과 박차정을 중심으로 한 근우회의 지도에 따라 이화·숙명·경성·동덕·근화 등 대부분의 여학교 학생이 시위와 동맹 휴학에 동참한 거예요.

이제 시위는 특별한 지도 세력이 없어도 곳곳에서 일어났어요. 학생들이 스스로 운동을 조직할 정도로 발전한 것이죠. 학생들은 거침없이 '조선 독립 만세', '타도 일본 제국주의'를 외쳤어요. 그렇게 광주에서 시작된 학생들의 시위는 전국 각지를 거쳐 중국 만주와 러시아 연해주 등 해외까지 퍼져 나갔어요. 여기에 함께한 학생이 281개 학교, 5만 4000여 명에 달했습니다.

3·1 운동 때 처음 주요한 독립운동 세력으로 나타났던 학생들은 광주 학생 항일 운동을 통해 10년 만에 독립운동의 중심 세력으로 우뚝 섰습니다. 이들의 싸움은 민족의 독립과 민주주의를 위한 싸움이었습니다. 해방 후에도 학생들은 중요한 역사의 고비마다 운동의 중심에 서서 민주주의를 위해 싸웠어요. 이것은 한국의 민주주의 역사에서 가장 중요한 특징이 되었습니다.

민주 헌법을 가진 바이마르 공화국은 어떻게 나치를 탄생시켰을까?

우리 독립운동가들이 상하이에서 임시 정부를 수립할 때, 독일의 영향을 많이 받았다는 사실을 알고 있나요? 당시 독일은 황제가 다스리는 나라였는데, 1914년 제1차 세계 대전을 일으켰다가 1918년 가을 서부 전선(독일군과 프랑스·영국 연합군 사이의 전선)에서 패하면서 전쟁에서 패배할 가능성이 높아졌습니다. 그러자 나라 곳곳에서 사람들이 들고일어났어요. 황제와 귀족, 지주들을 중심으로 나라가 운영되면서 쌓였던 갖가지 갈등과 울분이 한순간에 터져 버린 거예요. 결국 독일 제국은 11월에 일어난 혁명으로 붕괴되고, 독일 최초의 민주 공화국인 바이마르 공화국이 성립됐죠.

우리 독립운동가들이 영향을 받은 것은 바로 이 지점이에요. 1917년 러시아에 이어 1918년 독일에서도 군주정이 무너지고 공화정이 들어서자, 우리가 새로 세워야 할 나라의 정체(국가의 통치 형태)는 군주정이 아닌 민주 공화정이라는 확신을 얻게 되었던 것이지요.

바이마르 공화국은 당시 매우 민주적인 헌법을 갖고 있었어요. 대표적인 예가 20세 이상의 남녀에게 선거권이 주어졌다는 점이에요. 지금 우리나라에서는 18세 이상의 남녀에게 선거권이 주어지기 때문에 별거 아닌 것처럼 생각할 수 있지만, 당시에는 민주주의가 가장 발전한 영국에서도 여성의 경우 30세 이상에게만 선거권을 부여하던 시대였거든요.

하지만 바이마르 공화국에는 많은 문제점이 있었어요. 대부분 제1차 세계 대전의 패전과 관련된 문제였습니다. 첫 번째는 바이마르 공화국이 패전의 책임을 모두 뒤집어썼다는 점이에요. 기존의 독일 제국 정부가 패전이 확실해지자 전쟁의 책임에서 벗어나기 위해 서둘러 혁명을 일으킨 세력에게 정권을 넘겼거든요. 그 결과, 전쟁을 일으킨 사람들은 아무도 책임을 지지 않았어요. 국민들도 자기 나라가 전쟁을 일으킨 것에 대해 아무런 반성도 하지 않았고요. 바이마르 공화국은 전쟁을 끝내기 위해 연합국과 베르사유 조약을 체결해야 했어요. 문제는 베르사유 조약의 조건이 너무 가혹했기 때문에 바이마르 공화국 정부가 국민들의 증오의 대상이 되고 말았다는 점이에요.

두 번째는 바이마르 공화국 정부가 베르사유 조약으로 많은 영토를 빼앗기고, 막대한 배상금을 물게 됐다는 점이에요. 이로 인해 바이마르 공화국은 인플레이션에 시달렸고 국민들은 극심한 생활고에 빠져들었어요. 여기에 기름을 부은 것이 1929년 세계 대공황이에요. 세계 경제가 위기에 처하자 바이마르 공화국의 경제는 더 크게 뒤흔들렸던 거죠. 경제 위기가 심화되자 사람들은 황제가 통치했던 강력한 독일 제국을 그리워하기 시작했어요.

결국 바이마르 공화국은 1919년부터 1933년까지 14년간 수상이 14번 바뀔 정도로 극심한 정치적 혼란을 겪게 돼요. 그 과정에서 민주주의는 시간이 갈수록 크게 훼손되고 말았죠. 권력자들은 자신의 권력을 유지하기 위해 국민의 기본권을 제한하는 '비상 긴급령'을 남용하는가 하면, 독재정치로 정권을 유지하려고 했어요. 하지만 권력을 유지하는 데 모두 실패하고 결국 히틀러의 나치당에 권력을 내주고 말았습니다. 국민들은 강한 독일의 부활을 주장하는 히틀러와 나치당에 환호했어요. 이렇게 독일 국민들은 자신의 민주주의 시스템을 통해 세계 역사에서 가장 악명 높은 독재자 히틀러의 나치 정권을 탄생시켰어요. 바이마르 공화국은 그렇게 스스로 붕괴하며 역사 속에 사라지고 말았습니다.

바이마르 공화국의 역사를 통해 우리가 배울 수 있는 점은 무엇일까요? 아무리 민주적인 법과 제도를 갖추고 있다 해도 민주주의를 소중히 여기고 지키려는 정치 지도자와 국민이 없다면 절대로 민주주의를 유지할 수 없다는 사실이에요.

2부

‘하나의 나라’, 좌절된 꿈속에서 꿈틀거리는 정의

1945~1960

#7

슬픈 한반도 분열의 시작

통일 정부의 실패

#조선_건국_준비_위원회 #모스크바_3상_회의 #좌우_합작_운동 #미소_공동_위원회 #한반도는_지금_뜨거운_감자

"우리의 큰길은 민주주의겠고 우리의 최고의 이념은 우리 민족의 완전한 해방에 있다."

-여운형 〈나의 정견〉

일제 강점기가 끝난 기쁨도 잠시 곧 우리에게 찾아온 비극의 씨앗이 있습니다. 사회주의 진영과 민족주의 진영이 생각한 민주주의의 모습은 많이 달랐거든요. 사상의 차이와 국제 정세의 흐름으로 벌어진 틈은 이후 한국 민주주의에 어떤 영향을 주게 될까요?

"해방의 날은 왔다. 지난날의 아프고 쓰린 기억은 모두 다 잊어버리고, 이 땅에 합리적이고 이상적인 낙원을 건설하자. 개인적 영웅주의는 모두 버리고, 끝까지 일치 단결로 나아가자."

1945년 8월 16일 서울 계동의 한 중학교 운동장에 많은 사람이 모였어요. 해방의 기쁨을 함께 나누기 위해 모인 사람들이었어요. 이 자리에 평생을 민족의 독립을 위해 바친 한 노혁명가가 단상에 올랐어요. 독립운동가 여운형이었어요. 그는 말했습니다. 식민 통치의 아픈 기억은 모두 잊어버리고, 이 땅에 합리적이고 이상적인 새 나라를 세우자고요. 그의 생각에 새 나라를 세우는 데 가장 필요한 조건은 단 하나였어요. 바로 끝까지 하나로 단결하는 것이었습니다.

어디에 이만한 단결력이 숨어 있었는가

해방과 함께 우리 민족이 보여준 힘은 대단했어요. 조선에 있던 일본인들의 걱정과는 달리, 우리 민족은 일본인에 대한 보복도 없이 질서를 유지하며 새 나라 건설을 위해 온 힘을 기울였거든요. 여기에 큰 공로를 세운 것이 바로 '#조선 건국 준비 위원회'였어요. 8월 15일 여운형이 자신의 비밀 독립운동 조직을 기반으로 하여 안재홍과 함께 만든 것입니다.

이 조직은 불과 2주 만에 전국적으로 145개의 지부를 조직했어요. 이를 바탕으로 전국의 치안을 유지하고, 식량을 확보해 차질없이 공급했고요. 민족 국가 수립이라는 우리 민족의 열망을 하나로 모으는 데 성공했어요. 주변 국가들은 우리의 자치 능력을 믿지 않았지만, 우리 민족은 건국 준비 위원회를 통해 스스로 자신의 자치 능력을 세계에 보여주었습니다.

당시 한 신문은 건국 준비 위원회에서 너도나도 솔선수범해서 활동하는 사람들을 보고 이렇게 감탄했어요. '어디에 이만한 우리들의 단결력과 애정이 숨어 있었는가!'

미소 양군의 분할 점령

하지만 우리의 해방에는 문제가 있었어요. 온전히 우리 민족의 힘으로 독립한 것이 아니라 제2차 세계 대전이 진행되는 와중에 미국·소련 연합군에 의해 해방되었기 때문이에요. 이들은 북위 38도선을 경계로 하여 한반도를 분할 점령하기로 했어요. 이에 38도선 이남에는 미군이 들어오고, 이북에는 소련군이 들어왔죠.

미군과 소련군의 일차적인 목적은 일본군을 무장 해제하는 것이었어요. 그러나 일단 점령이 시작되자 그들의 역할은 여기에 머무르지 않았어요. 미군과 소련군이 자신들에게 우호적인 사람들을 중심으로 자신이 점령한 지역을 다스려나가기 시작했던 거예요.

이에 따라 남한에서는 우익 세력(민족주의자)이, 북한에서는 좌익 세력(사회주의자)이 각각 유리한 상황에서 세력을 확대할 수 있었어요. 결국 미·소의 힘이 작용하는 가운데 우리 민족은 하나로 뭉치지 못하고 좌우로 분열되기 시작했습니다.

모스크바 3상 회의 결의안을 둘러싼 갈등

1945년 12월, 모스크바에서 미국·영국·소련 3개국의 외무 장관이 모여 회담을 벌였어요. 제2차 세계 대전의 전후 처리를 논의한 #모스크바 3상 회의예요. 이 자리에서 한반도 문제를 해결하기 위한 방안이 발표됐어요. 이를 '모스크바 3상 회의 결의안'이라고 불러요.

이 안에 따르면 미군정과 소련군은 #미소 공동 위원회(미소공위)를 구성해 한반도의 주요 정당·사회단체와 협의하여 임시 정부를 구성하고, 5년 이내로 미국·영국·중국·소련 4개국의 신탁 통치를 받게 되어 있었어요. 신탁 통치란 우리 민족의 자치 능력을 믿지 못한 미국이 강력히 주장한 방안입니다. 한반도에 새 정부를 수립할 때 제대로 설 수 있도록 최대 5년 동안 4개국이 도와주겠다는 것이었죠.

문제는 이러한 모스크바 3상 회의 결의안이 남한에서《동아일보》등 각종 우익 신문의 오보로 인해 완전히 잘못 알려졌다는 점이에요. 4개국 신탁 통치를 지나치게 강조해 보도하면서, 결의안 자체가 마치 독립을 부정하는 신탁 통치안인 것처럼 보이게 된 거예요. 더구나 신탁 통치는 미국이 아니라 소련이 주장한 것처럼 거짓으로 보도되기까지 했죠. 이 오보 소동 뒤에는 미군정이 있었어요.

이에 따라 남한에서는 신탁 통치를 반대하는 운동이 크게 벌어졌어요. 흔히 '반탁 운동'라고 불러요. 반탁 운동은 소련, 다시 말해 공산주의를 반대하는 운동이기도 했어요. 북한에서도 일부 벌어졌는데 소련군이 막았기 때문에 크게 번지지는 않았어요. 이 사건으로 한반도는 좌우 갈등이 아주 심해졌어요. 미·소의 갈등이 높아진 것은 말할 것도 없습니다.

결국 미군정과 소련군은 미소 공동 위원회가 열리기 전에 남북에 자신의 정치적 기반을 확실히 마련하고자 애쓰게 돼요. 그 결과 남한에는 '재남조선 대한국민대표 민주의원'이 만들어졌고, 북한에는 '북조선 임시 인민 위원회'가 세워졌어요. 미군정과 소련군이 남북에 각각 자신들에게 우호적인 정치 조직을 만들고 경쟁에 나선 거예요.

민족을 하나로 만들고자 했지만

이런 분위기 속에서 1946년 3월 20일, 제1차 미소 공동 위원회가 열렸어요. 양국은 모스크바 3상 회의 결의안에 따라 남북의 주요 정당·사회단체와 협의해 임시 정부를 구성하고, 임시 정부 참여하에 4개국 신탁 통치 협약을 작성하기로 했어요. 첫 번째 과제는 미소 공위와 협의할 남북 주요 정당과 사회단체를 결정하는 것이었어요. 하지만 미·소 양국은 그 첫 번째 단계도 넘지 못했어요.

미군정은 참여를 희망하는 모든 정당과 사회단체를 참석시키고자 했던 반면, 소련은 모스크바 3상 회의 결의안에 찬성하는 정당과 사회단체만 참여시키려고 했거든요. 이게 무슨 말인가 하면, 결의안 내용 중 신탁 통치 내용 때문에 결의안 자체를 반대하고 있던 우익 세력을 두고 미국은 결의안에 반대하더라도 그들을 반드시 참여시키려고 했고, 소련은 아예 참여시키지 않으려고 했다는 뜻입니다. 미군정 입장에서 미국에 우호적인 정부를 수립하기 위해서는 우익 세력이 반드시 필요했고, 소련군 입장에서는 우익 세력을 제외하는 것이 유리했기 때문에 서로 다른 모습을 보인 것이지요. 결국 양측은 주요 정당·사회단체를 선정하는 문제를 두고 갈등을 벌이다 무기한 휴회를 선언하고 말았어요.

한반도 문제 해결을 위한 유일한 국제 협의안이 무산될 위기에 처하자, 한반도는 영원히 분단될 위험에 빠져들었어요. 그러자 이승만이 단독 정부 수립을 주장하고 나섰어요. 민족 통일 국가의 수립을 포기하고 남한만의 단독 정부를 세우자는 것이었어요. 민족이 분단될 위기에 처하자 오직 자신이 정권을 장악할 가장 유리한 방법을 주장하고 나선 거예요.

이에 반해 여운형과 김규식을 중심으로 한 중도 세력은 #좌우 합작 운동을 주장하고 나섰어요. 좌우 합작 운동은 좌우가 함께하는 협의체를 만들어 심각해진 좌우 갈등을 풀어보자는 것이었어요. 이를 통해 좌우 협의체가 미소 공위와 협의하여 임시 정부를 수립할 수 있는 방안을 마련하고자 했어요. 좌우의 갈등을 풀고 민족을 하나로 뭉치는 것이 분단의 위기를 극복할 유일한 방법이라고 본 거예요.

그러나 여운형과 김규식의 좌우 합작 운동은 좌우 세력 대부분에게 환영받지 못했어요. 김구만이 크게 환영했을 뿐이었어요. 이승만과 한민당(한국 민주당) 등 다수의 우익 세력은 좌익 세력과의 협상을 원치 않았어요. 자신이 권력을 장악하는 데 전혀 도움이 되지 않는다고 생각했기 때문이에요.

소련군과 김일성·박헌영 등 공산주의자들도 마찬가지로 좌우 합작 운동을 반대했어요. 그들은 모스크바 3상 회의 결의안에서 조금이라도 벗어나는 방안은 전혀 인정하려고 하지 않았어요. 결의안대로 하는 것이 자신에게 가장 유리하다고 판단했기 때문이에요.

결국 좌우 양 세력의 반대 속에 여운형과 김규식의 좌우 합작 운동은 실패하고 말았어요.

분단으로 가는 길

미소 공위가 무기한 휴회에 들어가자 미군정은 남한에 있는 좌익 세력을 노골적으로 탄압하기 시작했어요. 좌익 세력의 힘을 약화시키고 우익 세력을 중심으로 남한 정계를 재편하려는 노력이었어요. 또한 미군정은 선거를 통해 1946년 12월 기존의 민주 의원을 대체하는 '남조선 과도 입법 의원'을 설치했어요. 과도 입법 의원이라는 단어가 조금 어려울 수 있지만 '입법 의원'이니 오늘날의 국회와 비슷하다고 생각하면 돼요. 자유 민주주의 체제를 남한 정부에 옮기기 위한 미군정의 전략이었답니다.

소련군도 가만히 있지 않았겠죠? 소련군도 북한에서 거의 동일한 모습을 보였습니다. 그들은 1946년 3월부터 8월까지 토지 개혁, 노동법령 실시, 남녀평등법 실시, 주요 산업의 국유화 등 '민주 개혁'을 실시했어요. 1947년 2월에는 선거를 통해 최고 주권 기관인 '북조선 인민 회의'를 구성하고, 최고 집행 기관인 '북조선 인민 위원회'를 수립했고요. 이를 통해 소련군과 김일성·박헌영 등의 공산주의자들은 북한에 자신들이 원하는 인민 민주주의 체제를 만들려고 노력했어요.

이렇게 남과 북에 미국과 소련이 각각 원하는 체제가 어느 정도 만들어졌을 무렵, 제2차 미소 공위가 열렸어요. 사람들은 미소 공위가 재개되었다는 소식만으로도 큰 기대를 걸었어요. 하지만 남북 좌우의 갈등은 여전했고, 미군정과 소련군의 갈등 또한 이전과 다르지 않았어요. 미소 양국은 남북 주요 정당·사회단체 선정을 두고 또다시 첨예하게 대립했어요. 결국 미소 공위는 1947년 7월 무렵부터 미·소 갈등으로 제대로 활동하지 못하다가 그해 10월 18일, 최종적으로 결렬되고 말았습니다.

이것으로 우리 민족은 통일 민족 국가를 수립할 가능성이 희박해지고 말았어요. 미국과 소련이라는 외부의 힘의 영향을 받아 민족이 좌익과 우익이라는 두 세력으로 나뉘어 극심한 갈등을 겪었기 때문이었어요. 이들의 갈등이 결국 한반도에 두 개의 서로 다른 민주주의, 즉 우익의 자유 민주주의와 좌익의 인민 민주주의를 가져오게 만들었죠.

#8

김구는 왜 최초의 민주적 선거에 투표하지 않았을까? 5·10 총선거와 단독 정부 수립

#유엔_소총회 #단독_정부 #남북_협상 #5·10_총선거
#김구:_이_선거_반댈세 #한_지붕_두_가족의_시작

"한국이 있고야 한국 사람이 있고,
한국 사람이 있고야 민주주의도 공산주의도
또 무슨 단체도 있을 수 있는 것이다.
마음속의 38도선이 무너지고야
땅 위의 38도선도 철폐될 수 있다."

-김구 〈삼천만 동포에게 읍고함〉

한국 민주주의사에서 빼놓아선 안 되는 분기점 같은 사건이 있죠. 바로 분단. 사회주의와 민족주의 진영의 분열이 이후 공산국가와 민주국가로의 분단으로 이어집니다. 이를 막기 위해 마지막까지 노력한 사람이 있었는데요, 과연 누구였을까요?

1947년 7월 제2차 미소 공위마저 미·소 갈등으로 제대로 진행되지 않으면서 민족의 분단은 이제 거부할 수 없는 현실이 되었어요. 그 과정에서 나타난 미국과 소련, 남과 북, 좌와 우의 극심한 갈등은 미래에 대한 희망을 전쟁에 대한 불안감으로 바꿔놓았고요.

미소 공위가 제대로 진행되지 않자 미국은 1947년 9월 한반도 문제를 유엔(UN)으로 가지고 갔어요. 유엔은 국제기구였지만 당시에는 미국의 영향력이 절대적이어서 미국이 원하는 대로 유엔을 움직일 수 있었거든요.

미국은 유엔이 감시하는 가운데 인구 비례에 입각한 총선거로 한반도에 새 정부를 수립하는 방안을 내놓았어요. 지금도 그렇지만 당시에도 남한의 인구가 절대적으로 많았기 때문에 인구 비례로 총선거를 하면 남한이 유리할 수밖에 없었어요. 그 말은 소련이 절대로 받아들이지 않을 방안이라는 거겠지요? 질 게 뻔한 싸움에 뛰어드는 사람은 없으니까요. 소련은 '한반도 문제의 유엔 이관'을 두고 모스크바 3상 회의 결의안에 어긋나는 행위라며 미국의 새로운 방안을 거부했어요.

유엔으로 간 한반도 문제

소련은 미국에 맞서 미·소 양군의 동시 철수를 제안했어요. 지금 당장 미·소 양군이 철수해도 한반도에 자신에게 우호적인 정부가 설 것이라는 자신이 있었던 거죠. 소련은 일찌감치 북한에서 토지 개혁 등의 사회 개혁을 실시하면서 다수의 북한 사람들에게 지지를 얻었거든요. 소련과 사회주의에 반대하는 우익들은 대부분 북한을 탈출해 남한으로 내려와 버렸고요.

반면 남한에는 우익도 많았지만, 좌익도 여전히 많았어요. 그 이유는 미군정이 남한을 잘 통치하지 못했기 때문이에요. 쌀 공급을 제대로 하지 못하고 물가도 잡지 못해 사람들의 불만을 산 데다가, 토지 개혁 등 사회 개혁을 뒤로 미루고 친일 경찰들을 대거 등용하면서 지지 세력을 잘 키우지 못했던 거예요. 때문에 미국은 소련이 당장 함께 철수하자고 하자 당황할 수밖에 없었어요. 당장 나가게 되면 미국에 우호적인 정부가 설 수 있을지 불안했기 때문이죠.

1947년 11월, 유엔 총회는 미국이 제출한 방안을 통과시켰어요. 본격적으로 유엔이 한반도 문제에 개입하게 된 것입니다. 게다가 늦어도 1948년 3월 31일까지 한반도에서 총선거를 실시하기로 결정되었어요. 총선거를 감시할 기구로 '유엔 한국 임시 위원단'도 만들어졌어요. 유엔과 미국을 필두로 총선거 준비가 하나씩 진행되는 걸 소련이 순순히 지켜보고만 있었을까요? 소련은 임시 위원단의 북한 방문을 거부했어요. 북한에서 총선거를 할 수 없게 되자 임시 위원단은 이 문제를 #유엔 소총회로 가져갔어요. 유엔 소총회는 논의 끝에 2월 26일 임시 위원단이 갈 수 있는 지역에서만 총선거를 실시하기로 결정했어요. 남한만의 #단독 정부 수립이 확정되는 순간이었죠.

통일 정부 수립을 위한 마지막 노력, 남북 협상

오래전부터 단독 정부 수립을 주장해 온 이승만과 한민당은 크게 기뻐하며 본격적인 선거 준비에 들어갔어요. 북한의 김일성도 독자적인 정부 수립에 들어갔어요. 남한보다 먼저 헌법 초안을 작성하고 인민군이라는 군대를 창설했죠. 하지만 겉으로는 남한의 좌익 세력을 통해 남한의 단독 정부 수립에 대한 반대 운동을 벌여나가요. 자신들의 독자적인 정부 수립을 위한 명분을 쌓으려는 것이었어요.

이승만과 김일성이 남과 북에서 각각 독자적인 정부 수립에 열을 올릴 때, 한반도의 분단을 막기 위해 마지막까지 동분서주하던 인물들이 있었어요. 김규식을 중심으로 한 중도파 민족주의자들이었어요. 이들은 민족 통일 정부 수립을 위한 방안으로 #남북 협상을 주장했어요. 남과 북의 지도자들이 직접 만나 통일 정부 수립을 논의하자는 것이었습니다. 그동안 남북의 지도자들은 한 번도 제대로 만난 적이 없었어요. 1000년 동안 하나였던 나라가 둘로 쪼개지려고 하는데 한 번도 만나서 얘기해 보지 않았다는 게 사실 말도 안 되는 것이었죠. 그래서 남북 협상을 하자고 했던 거예요. 뒤늦은 감이 없지 않았지만 김구도 여기에 동참했어요. 그는 〈삼천만 동포에게 읍고함〉이라는 글을 발표하며 통일 정부 수립에 대한 의지를 분명히 했습니다.

1948년 2월 16일, 김구와 김규식은 북한에 편지를 보내 남북 협상을 개최하자고 공식적으로 제안했어요. 남북 협상은 많은 사람의 기대를 받았습니다. 하지만 북한은 반응을 보이지 않았어요. 그러는 사이에 유엔 소총회에서 남한 단독 선거가 결정되고 말았습니다. 김구와 김규식의 남북 협상 제안이 사실상 큰 효과를 거둘 수 없게 된 거예요.

그런데 다음달인 3월 25일, 북한이 갑자기 편지를 보내 왔습니다. 4월 초 평양에서 남북 협상을 개최하자는 내용이었죠. 북한의 제안은 김구와 김규식의 제안을 수정해 자신들에게 유리하게 바꾼 것이었어요. 김구와 김규식의 제안은 원래 남북의 주요 지도자가 만나 회담하자는 것이었는데, 북한은 이것을 남북 주요 정치·사회단체의 회담으로 확대한 거예요. 김구와 김규식이 제안한 남북 주요 지도자 회담을 남북 주요 정치·사회단체 회담의 하나로 바꿔 그 의미를 축소시키려고 한 것이 첫 번째 목적이었고요. 남북 주요 정치·사회단체의 회담을 통해 남한 단독 선거 실시를 비판하고, 북한의 단독 정부 수립에 대한 지지를 얻는 것이 두 번째 목적이었죠. 김구와 김규식은 북한의 의도를 알면서도 고민 끝에 북한의 제안을 받아들였어요. 아무것도 해 보지 않고 민족의 분단을 맞을 수는 없었기 때문이에요.

김구와 김규식은 38선을 통과해 북한으로 올라갔어요. 김일성, 김두봉과 남북 주요 지도자 회담(남북 협상)을 갖고, 4개 항목으로 된 공동 성명서를 발표했죠. '외국 군대 철수, 내전 절대 불허, 외국 군대 철수 후 임시 정부 수립, 남한 단독 선거 반대'로 구성된 공동 성명서였어요. 그런데 여기에는 북한 측이 결코 원하지 않았던 내용이 하나 들어 있었어요. 그것은 바로 '내전을 절대 허용하지 않는다'는 항목이었습니다. 김구와 김규식이 강력히 주장해 어쩔 수 없이 넣게 된 항목이었어요. 그리고 '남한 단독 선거 반대' 항목도 절대 북한에 유리한 항목이 아니었어요. 북한이 단독 정부 수립을 발표하는 순간, 이 항목이 그들의 정부를 반대할 명분이 될 테니까요.

앞서 살펴봤듯이 남북 협상은 진행 도중에 유엔이 남한의 단독 선거를 결정한 데다, 북한 역시 이미 독자적인 정부 수립을 준비하고 있었기 때문에 실질적인 성과를 내기는 힘들었어요. 하지만 남북 협상은 남과 북에서 각각 추진했던 단독 정부에 명분이 없다는 것을 분명히 보여주었어요. 또 남과 북이 절대로 전쟁을 일으켜서는 안 된다는 경고도 담고 있었다는 점에서 큰 의미가 있어요.

대한민국 정부가 수립되다

1948년 5월 10일, 남한에서 단독 총선거가 실시되었어요. 21세 이상 모든 국민에게 투표권이 부여된 우리나라 역사상 최초의 보통 선거로, 이 땅에 본격적으로 민주주의가 시작되었음을 알리는 신호탄이었습니다. #5·10 총선거는 민족 전체의 축제가 되어야 했어요. 하지만 총선거는 남한에서만 시행되었고, 단독 정부 수립을 의미하는 것이어서, 그 의미는 반감될 수밖에 없었어요.

김구와 김규식은 5·10 총선거에 불참했어요. 남한의 좌익 세력은 단독 선거 반대 운동을 벌였고요. 하지만 5·10 총선거는 비교적 큰 탈 없이 치러졌어요. 제주도에서는 제주 4·3 사건으로 선거가 제대로 치러지지 못했지만, 서울을 비롯한 전국 각지에서는 순조롭게 진행되었죠.

선거 결과 이승만 지지 세력, 한민당, 김구·김규식의 노선을 따르는 중도 세력이 각각 의석 1/3씩을 차지했어요. 전체적으로 이승만과 한민당 등 단독 정부 수립을 추진한 세력이 과반을 차지하긴 했지만, 중도 세력도 상당한 의석을 차지한 선거였던 거예요. 그만큼 김구와 김규식의 영향력이 컸음을 알 수 있어요.

1948년 5월 31일, 제헌 국회가 열렸어요. 제헌 국회라고 하니 조금 어렵죠? 5·10 총선거로 선출된 국회 의원으로 구성된 대한민국 제1대 국회라고 생각하면 쉬워요. 첫 번째 국회에서 헌법을 제정했기 때문에 '제헌 국회'라고 부르는 것이고요. 그러니 제헌 국회의 첫 번째 과제는 헌법을 제정하는 것이었겠죠? 제헌 국회는 국회 의원 30명으로 헌법 기초 위원회를 조직하고 법률 전문가 10명을 뽑아 헌법안을 만들었어요. 이 헌법안은 지난날 대한민국 임시 정부에서 제정했던 헌법을 많이 참고했기 때문에, 형식적으로나 내용적으로 많은 부분이 닮아 있었어요. 임시 정부에서의 민주주의 경험이 헌법을 통해 이어지게 된 거예요.

또 이 헌법안에는 친일 반민족 행위를 저지른 친일파를 처벌할 수 있는 특별법을 제정할 수 있다는 내용이 부칙으로 첨가됐어요. 높은 여론에도 불구하고 미군정 시기 내내 시행되지 않았던 친일파 처단 문제가 헌법안에까지 들어가 우리가 해야 할 최우선의 문제임을 다시 한번 확인해 주는 것이었죠.

대통령 중심제, 누구의 선택인가

그런데 이 헌법안을 두고 이승만과 국회 의원들이 격돌했어요. 이승만은 대통령 중심제를 원했는데, 국회 의원들이 기초한 헌법안은 내각 책임제로 만들어졌기 때문이었어요. 국회 의원들은 대통령 중심제가 독재로 흐를 가능성이 높다고 생각했어요. 또 내각 책임제는 다수당이 내각을 구성할 권리를 갖기 때문에 특히 국회 의원이 선호할 수밖에 없었죠. 반면 유일한 대통령 후보였던 이승만은 내각 책임제하에서는 대통령이 별다른 권한이 없는 허수아비가 될 수밖에 없었기 때문에 내각 책임제를 싫어했어요. 그래서 자신에게 좀 더 많은 권한이 부여될 대통령 중심제를 선호하였던 거예요.

이승만은 헌법 기초 위원회 회의실에 나타나 내각 책임제가 채택된다면 어떤 지위에도 취임하지 않겠다고 협박했어요. 김구와 김규식도 없는 마당에 이승만까지 새 정부에 불참하겠다고 하자 한민당은 이승만의 압박에 굴복하고 말았어요. 이승만이 없으면 정부를 수립할 수 없다고 생각한 거예요. 그래서 한민당은 몇 개의 조항을 급히 수정하는 방법으로 하룻밤 사이에 내각 책임제에서 대통령 중심제로 헌법안을 뜯어고쳤습니다. 20일 가까이 합법적인 절차에 의해 민주적으로 만들어졌던 헌법안이 한 개인의 욕심으로 순식간에 뒤집히고 만 거예요.

7월 17일 대한민국 헌법이 공포되었어요. 헌법은 대한민국이 3·1 운동으로 수립된 대한민국 임시 정부의 법통을 계승해 수립되었음을 명확히 밝혔어요. 대한민국은 국민 주권에 바탕을 둔 민주 공화국임을 분명히 했어요. 대통령과 부통령은 간선제 방식으로 국회 의원이 뽑도록 했어요. 8월 15일을 정부 수립일로 예정하고 있었기 때문에 직선제로 하기에는 시간이 부족하고, 선거를 실시하면 좌익 세력의 방해가 우려된다는 이유였죠.

제헌 국회는 대통령에 이승만, 부통령에 이시영을 선출했어요. 정부통령 선거가 끝나자 관심은 정부 구성으로 모였어요. 한민당은 자신들이 내각 책임제를 양보했기 때문에 정부 구성에서 많은 자리를 차지할 수 있으리라 생각했어요. 하지만 그건 그들만의 착각이었죠. 이승만은 내각 책임제로 자신을 곤란하게 만들었던 한민당에게 '뒤끝 정치'의 정수를 보여줬어요. 한민당 출신으로 장관이 된 사람은 한 명에 불과했어요. 그것도 원래부터 이승만과 친밀한 사람이어서 한민당을 위해 일할 사람은 아무도 없었죠. 미군정하에서 여당 역할을 톡톡히 했던 한민당은 순식간에 야당으로 전락할 수밖에 없었어요.

1948년 8월 15일, 예정했던 대로 대한민국 정부의 수립이 선포되었어요. 민주 공화국 대한민국은 그렇게 시작되었어요.

두 개의 정부

북한은 대한민국이 수립되자 분단 책임을 회피하기 위해 미뤄뒀던 정권 수립을 완료하기 위해 박차를 가했어요. 북한은 이전부터 남한의 단독 정부 수립을 반대하는 목소리를 내왔기 때문에 자신들이 단독 정부를 수립하는 데 그럴싸한 이유가 필요했어요. 자칫하면 나는 단독 정부를 세워도 괜찮고 너희는 안 된다는 억지 논리를 가진 것처럼 보일 테니까요. 그래서 명분을 만드는 데 온 힘을 기울였죠.

북한은 다시 한번 남북의 주요 정당 · 사회단체 회담이라는 형식을 이용하여 정부 수립을 결정해 자신들의 단독 정부 수립 명분을 억지로 만들었어요. 그리고 8월 25일 최고 인민 회의 대의원을 뽑기 위한 총선거를 실시했죠. 선거 방식은 비밀 원칙이 전혀 지켜지지 않는 흑백함 투표였어요. 선거 결과는 전체 유권자 중 99.97%가 참가해 98.49%가 찬성했다고 발표되었어요.

총선거가 완료되자 북한은 9월 2일 최고 인민 회의를 열었어요. 이를 통해 북한은 이미 만들어놓았던 헌법을 9월 8일 공식적으로 채택하고, 9월 9일 조선 민주주의 인민 공화국 수립을 선포했어요. 내각 수상은 김일성이, 부수상은 박헌영이 선출되었어요.

북한에서 또 하나의 정권이 수립되면서 한반도에는 두 개의 정부가 들어섰어요. 두 정부는 스스로를 합법적인 정부로 규정하고 상대방을 불법적인 정부로 매도했어요. 이와 함께 기나긴 체제 경쟁이 시작되었어요. 정권 수립 후 북한은 '국토 완정'을, 남한은 서슴없이 '북진 통일'을 주장했어요. 두 개의 정부가 수립되는 순간, 많은 사람이 예상했듯 한반도는 전쟁의 기운이 만연하게 된 거예요.

#9

대통령 한 사람만을 위한, 조작된 민주주의

부산 정치 파동과 사사오입 개헌

#이승만 #6·25_전쟁 #부산_정치_파동 #사사오입_개헌 #장기_집권_제가_한번_해보겠습니다

"그(이승만)는 돌연 임시 수도 부산에
불법적인 비상계엄을 선포하고
국제 공산당과 관련이 있다는 누명을 씌워
50여 명의 국회 의원을 체포 감금하는
폭거를 감행하였습니다.
이것이 반란적 쿠데타가 아니고
무엇이겠습니까?"

- 부통령 김성수의 사임서

한국 역사를 논할 때 빼놓을 수 없는 사건이 하나 있습니다. 바로 '한국 전쟁'. 이승만 대통령의 집권 초기에 한국 전쟁이 발발했다는 건 다들 알고 있죠? 국운이 달린 이 혼란스러운 시기에, 국내에서 반공 정서를 활용한 크고 작은 소동이 벌어졌답니다. 대체 누가 이런 일들을 벌인 걸까요?

"한국의 폐허 속에서 건전한 민주주의가 발전하기를 기대하느니, 오히려 쓰레기통에서 장미꽃이 성장하는 것을 기대하는 것이 나을 것이다."

1951년 10월 영국의 《더 타임스(The Times)》 사설에 실린 말이에요. 도대체 한국의 민주주의가 얼마나 엉망이었기에 한국 언론사도 아니고 외국 언론사에서 이런 말을 했을까요?

1950년, 우리나라 역사상 가장 가슴 아픈 사건인 #6·25 전쟁이 벌어집니다. 이때 한국의 대통령이 #이승만이라는 건 다들 알고 있죠? 전쟁이 벌어지자 이승만 정부는 반공주의를 앞세워 국민들을 억압합니다. 전시 상황이라는 이유로 재판도 없이 국민을 처벌하고, 민주주의 절차를 무시하는 일도 빈번하게 일어났죠. 전쟁이라는 비상 상황에서 이승만 정권은 시간이 갈수록 민주주의를 훼손하고 강력한 반공 독재 체제를 만들어나갔어요. 그러다 보니 외국의 언론사에서 한국에서 민주주의 발전을 기대하느니, 쓰레기통에서 장미꽃이 자라는 걸 기대하는 게 낫다는 말이 나오게 된 거죠. 도대체 이승만 정권이 어떻게 했기에 우리가 이런 말을 들어야 했을까요? 이승만과 그의 정부가 벌인 일을 살펴봅시다.

이승만이 만들어낸 가짜 민의

1952년, 아직 한창 전쟁이 벌어지고 있던 시기에 실시될 예정이었던 제2대 정부통령 선거에서 이승만은 재선될 가능성이 거의 없었어요. 헌법상 대통령과 부통령은 국회 의원들이 뽑게 돼 있었는데, 다수의 국회 의원은 6·25 전쟁 과정에서 이승만 정부가 저지른 여러 가지 실책으로 크게 실망하고 있었기 때문이에요.

이승만은 전쟁이 벌어지자 국회 의원들에게 알리지도 않고 혼자 피난을 갔거든요. 국민 방위군 사건이나 거창 양민 학살 사건이 벌어졌을 때는 사건을 축소하고 관련자들을 제대로 처벌하지 않아 국민의 분노를 사기도 했고요. 한마디로 이승만 정부는 무능했어요. 능력은 보지 않고 자신에게 충성을 다하기만 하면 높은 직책을 맡겼거든요. 부정과 비리도 심했어요. 국민의 목숨도 소중히 여기지 않았고요. 그러니 당연히 대통령 선거에서 재선될 가능성이 없었던 것입니다.

그 사실을 모르지 않았던 이승만은 먼저 거대 여당을 만들어 국회의 정치 지형을 바꾸려고 합니다. 국회 안에는 자신을 지지하는 사람이 적으니, 국회 밖의 세력을 동원해 정당을 만들죠. 전에 민족 청년단이라는 청년 단체를 만든 적이 있어 국회 밖에 큰 세력을 갖고 있던 이범석이 중심이 되어 만들었는데, 이 정당이 바로 자유당이에요. 자유당은 이승만이 명령하는 대로만 움직이는 꼭두각시 정당이었어요. 그야말로 이승만을 위해서만 존재하는 정당이었죠.

다음으로 이승만은 대통령 선거 방법을 직선제로 고치려고 했어요. 명망으로는 아직 자신을 앞설 인물이 없는 데다가, 아직 전쟁 중이라 경찰과 공무원을 동원한다면 직접 선거(직선)를 치러도 충분히 당선될 수 있다고 판단한 것이지요. 문제는 직선제로 고치려면 헌법을 바꿔야 하는데, 그것은 국회 의원들이 해야 하는 영역이라는 점이었어요.

이승만은 1952년 1월 대통령 직선제를 중심으로 한 개헌안을 국회에 제출합니다. 국회에서 찬반을 투표했는데 그 결과가 이승만의 상황을 명백히 보여줘요. 찬성 19표, 반대 143표. 압도적인 반대로 개헌안은 부결됩니다. 국회 안에 얼마나 이승만 편이 없었는지 알겠죠? 그러자 이승만은 국회 밖 자신을 추종하는 세력을 움직여요. 대한 청년단이 대표적인 단체였습니다. 백골단, 민중 자결단, 땃벌떼 같은 행동대를 만들어 국회 의원 반대 운동을 펼칩니다. 해골과 땃벌(땅벌) 같은 사나운 이미지를 그려 넣은 벽보를 붙이고, 국회 앞에서 시위를 벌이며 '민의를 무시하는 국회는 해산하라!'고 구호를 외치는 거예요. 이승만 정부가 정부의 힘으로 만들어낸 가짜 민의로 국회 의원을 협박하는 거였어요.

이승만은 풀뿌리 민주주의의 상징인 지방 자치 제도까지 가짜 민의를 만들어내는 도구로 사용해요. 전쟁으로 서울·경기·강원을 제외한 지역에서 최초로 실시된 지방 자치 선거에서 경찰과 공무원을 동원해 자신의 지지 세력이 다수 당선되도록 한 다음, 이들을 동원해 국회를 반대하는 가짜 민의를 계속해서 만들어내는 데 이용한 거예요.

이승만의 쿠데타, 부산 정치 파동

국회 의원들은 이승만에 맞서 내각 책임제 개헌안을 내놓습니다. 대통령은 국가를 대표하는 기능만 하고, 국무총리가 행정의 대표가 되어 모든 권한과 책임을 지도록 권력 구조를 완전히 바꾸고자 한 거죠. 나아가 이승만을 대신해 장면을 지도자로 추대하고자 했어요.

상황이 불리해지자 이승만은 다시 직선제 개헌안을 제출한 후 5월 25일 임시 수도 부산에 비상계엄령을 선포해요. 가짜 민의를 활용하는 것만으로는 부족하다는 걸 느끼고 군대의 힘을 동원해 국회 의원들을 공격하려는 목적이었어요. 이튿날 아침 약 40명의 국회 의원이 탄 통근 버스가 헌병대에 끌려갔고,

이들 외에도 곳곳에서 국회 의원들이 체포되기도 했어요. 다음 날 정부는 이를 국제 공산당 사건이라 발표하고 체포된 국회 의원들이 해당 사건에 연루되었다고 밝혔어요. 국회 의원들을 협박하기 위해 사건을 조작하고 그들을 연관시킨 것이었어요. 체포된 국회 의원들은 한 달이 넘도록 감금되었어요. 붙잡히지 않은 국회 의원들은 내내 몸을 숨겨야 했고요.

대표적인 야당이었던 민국당은 헌법을 지키자며 호헌 구국 선언 대회를 열어 이승만에 맞섰어요. 하지만 이승만은 깡패 패거리를 동원해 행사장을 부수고 참가자들을 폭행했어요. 결국 국회 의원들은 이승만의 협박에 굴복하고 말았어요. 이승만이 제출한 대통령 직선제 개헌안에 야당이 제출한 내각 책임제 개헌안의 몇 가지를 섞어 만든 발췌 개헌안을 통과시키고 만 거예요. 표결할 국회 의원이 부족하자 국제 공산당 사건으로 체포했던 국회 의원들을 모두 풀어주기까지 했으니 상황이 정말 우스웠겠죠?

이 사건을 흔히 '#부산 정치 파동'이라고 불러요. 하지만 부산 정치 파동은 사실상 쿠데타였어요. 대통령이 군대를 동원해 국회를 무력화시키고 자신의 권력을 강화한 불법적인 쿠데타였지요. 《더 타임스》 사설에 한국 민주주의를 비판적으로 쓴 까닭을 조금 알겠나요?

경찰의 곤봉 선거

제2대 정부통령 선거는 발췌 개헌안이 통과된 뒤 약 한 달 후에 실시하기로 했어요. 자유당은 전당 대회를 열어 이승만을 대통령 후보로, 이범석을 부통령 후보로 지명했어요. 그런데 갑자기 이승만은 자유당의 대통령 후보 지명을 받아들이지 않겠다고 발표했어요. 또 대통령 선거에 출마하지 않겠다고도 했죠. 여러분, 학교에서 반장 선거하던 장면을 떠올려보세요. 선거하기 전 반장 후보 추천을 받는 거랑 비슷하다고 생각하면 쉬워요. 그러니까 "홍길동을 반장으로 추천합니다"라고 했는데, 홍길동이란 친구가 자기는 반장을 하지 않겠다고 거부한 것과 같은 상황인 거죠. 그런데 이상하지 않나요? 자신의 권력을 위해 가짜 민의를 끌어 쓰고 폭력을 행사해 헌법까지 바꾼 이승만이 대통령 후보가 되길 거부하다뇨. 이승만이 거부 의사를 밝히자 기다렸다는 듯 민중 자결단과 지방 의회 의원들이 나서서 이승만 출마 촉구 대회를 열었어요. 그러니까 이 모든 게 사실상 사전 선거 운동이었던 셈이지요. 이승만은 민의가 원하니 어쩔 수 없다는 듯 담화를 발표하고 대통령 선거에 출마했어요.

이승만은 손쉽게 대통령에 당선됐어요. 그러나 부통령 선거에서는 의외의 결과가 나왔어요. 자유당 후보인 이범석은 떨어지고 잘 알려지지 않았던 무소속 후보 함태영이 당선된 거예요. 경찰이 나서서 이승만의 뜻에 따라 이범석의 선거 운동은 철저히 방해하고, 함태영의 선거 운동은 노골적으로 도와 그가 당선된 거예요. 전쟁 중에 있었던 제2대 정부통령 선거가 얼마나 정부의 개입에 좌우된 선거였는지 알 수 있겠죠?

그렇다면 이승만은 왜 자유당을 만드는 데 큰 공을 세운 이범석을 억지로 떨어뜨린 걸까요? 그건 이범석이 자기가 원하는 스타일의 사람이 아니었기 때문이에요. 이승만은 부통령으로 자신의 말을 잘 듣는 순종적인 사람을 원했어요. 하지만 이범석은 그런 사람이 아니었기 때문에 노골적으로 방해해 그를 떨어뜨린 것이었어요. 이승만은 선거가 끝난 후 자유당에서 이범석을 따르는 사람들까지 모두 내쫓아 버렸어요.

이후 이승만이 2인자로 내세운 사람은 이기붕이었어요. 이기붕은 이승만에게 절대 복종했거든요. 이승만이 아랫사람에게 절대적 복종을 원해서인지, 이승만 밑에는 유독 과거에 친일 행위를 했던 사람들이 많았어요. 친일파라는 약점 탓인지 그들은 이승만에게 맹목적인 충성을 바쳤거든요. 그 대가로 그들은 이승만 정부의 핵심 자리를 차지하고 권력을 휘둘렀죠.

선거 이후 이승만은 대놓고 장기 집권의 야욕을 드러냈어요. 1954년 5월에 있을 국회 의원 선거를 앞두고 자유당 공천 조건으로 개헌을 내건 거예요. 공천이란 국회 의원 선거에서 정당이 국회 의원 후보자를 추천하는 일을 뜻하는 건데요, 정당을 중심으로 이루어지는 민주주의 체제하에서 정당의 공천 없이 정치 활동을 하기는 사실상 어렵다고 할 수 있어요. 그러니 국회 의원들이 거절하기 어려운 조건을 걸어버린 것이죠. 개헌 내용은 초대 대통령에 한하여 중임 제한을 없앤다는 것이었어요. 이승만의 종신 집권을 허용하게 하려는 개헌이었던 셈입니다.

결국 5월 20일에 있었던 국회 의원 선거는 '곤봉 선거'라는 오명을 얻게 되었어요. 경찰의 곤봉, 즉 무력에 의해 선거 결과가 정해졌다고 할 정도로 이승만 정부가 선거에 개입한 부정 선거였거든요. 직전 정부통령 선거에서 대통령 후보로 이승만에 맞섰던 조봉암은 국회 의원 선거에 출마조차 하지 못했어요. 이승만 정부가 입후보 신청서를 받아주지도 않았기 때문이에요. 야당인 민국당 후보들은 선거 운동도 제대로 할 수 없었어요. 경찰이 선거 운동원에게 폭력을 행사해 사망자가 나올 정도였기 때문입니다.

사사오입 개헌

선거는 자유당 114석, 민국당 15석으로 자유당의 압승으로 끝났습니다. 하지만 개헌이 가능한 의석을 얻는 데는 실패했어요. 전체 국회 의원 203명 중에 2/3인 136명 이상의 찬성을 얻어야 개헌이 가능했거든요. 그래서 그들은 어느 당에도 속해 있지 않은(무소속) 국회 의원들을 회유해 자유당에 입당시켰어요. 그렇게 억지로 개헌에 필요한 정족수 136명을 확보했죠.

1954년 11월 27일, 자유당이 제출한 개헌안에 대한 찬반 투표가 국회에서 진행됐어요. 그런데 투표 결과는 자유당이 전혀 원하지 않았던 방향으로 나타났어요. 그렇게 국회 의원들을 단속했건만, 개헌안 찬성표가 135표밖에 나오지 않은 거예요. 136명의 자유당 국회 의원 가운데 한 명이 표결을 잘못해 1표가 무효표가 되고 말았거든요. 자유당 소속의 국회 부의장은 개헌이 부결되었다고 선포할 수밖에 없었어요.

그런데 이승만은 135표면 통과된 것이라 우기기 시작했어요. 203명의 2/3은 135.33…명이니, 수학에서 반올림하듯 사사오입(넷 이하는 버리고 다섯 이상은 올림하는 계산법) 원칙으로 소수점 아래를 버리면 135명이 개헌에 필요한 정족수라는 논리였죠. 이후 자유당은 서울대 수학과 교수까지 동원해 사사오입을 설명하면서 개헌안 통과를 주장했어요. 그리고 11월 29일 개헌안 부결을 번복하는 가결 동의안을 통과시켜 억지로 개헌안을 통과시켰죠. 한국의 민주주의가 왜 쓰레기통에서 자라는 장미꽃을 기대하는 것보다 못한지 여실히 보여주는, 정말 부끄러운 행동이었어요.

#사사오입 개헌으로 이승만은 영구 집권의 길을 열었어요.

이기붕을 중심으로 한 자유당은 점점 무소불위의 권력을 휘둘렀고요. 그들로 인해 한국의 민주주의는 엉망진창이 되고 말았어요. 하지만 역사는 또 한 번의 반동을 준비하고 있었어요.

#10

중고등학생에서 시작한 최초의 사회 혁명

4·19 혁명

#3월_15일 #부정_선거 #4·19_혁명 #김주열
#손바닥으로_하늘을_가릴_수는_없습니다

"3·15 선거는 불법 선거이다.
공명 선거에 의하여
정부통령 선거를 다시 실시하라."

–대학 교수단 4·25 선언

이승만 정권은 장기 집권으로 점점 인기가 떨어지자 노골적인 부정 선거로 흔들리는 정권의 생명을 연장하고자 했습니다. 그러자 민주주의가 훼손되는 걸 보고만 있을 수 없던 시민들이 들고일어났습니다. 그 역사의 순간으로 함께 들어가 봅시다.

"어머니, 데모에 나간 저를 책하지 마시옵소서. 우리들이 아니면 누가 데모를 하겠습니까. 저는 아직 철없는 줄 잘 압니다. 그러나 국가와 민족을 위하는 길이 어떻다는 것을 잘 알고 있습니다. (…) 저는 생명을 바쳐 싸우려고 합니다. (…) 온 겨레의 앞날과 민족의 해방을 위하여 기뻐해 주세요."

1960년 #4·19 혁명 당시 경찰이 쏜 총에 맞아 사망한 한성여자 중학교 2학년 진영숙 학생이 남긴 유서의 내용이에요. 겨우 15세밖에 안 된 여학생이 도대체 무엇 때문에 총탄이 쏟아지는 데모 현장에서 이토록 생명까지 바칠 각오로 싸우게 된 걸까요?

선거에선 이기고, 개표에선 지고

사사오입 개헌 후, 1956년 5월에 있었던 제3대 정부통령 선거에서 이승만과 자유당은 충격에 빠졌어요. 서울을 제외한 대부분의 지방에서 심각한 개표 부정을 저질렀는데도 이승만은 득표율 55%로 겨우 대통령에 당선되었거든요. 게다가 부통령은 여당 후보인 이기붕이 떨어지고, 야당 후보인 장면이 당선되었습니다.

대통령 선거는 민주당의 대통령 후보 신익희가 유세 도중 사망하면서 일찌감치 이승만의 당선이 확실하다고 여겨졌어요. 민주당은 진보당의 후보 조봉암이 당선될까 봐 신익희에게 추모 표를 던지라고 선전했죠. 조봉암이 대통령이 되느니 차라리 이승만이 대통령이 되는 게 낫다고 생각한 거예요. 그만큼 민주당은 조봉암을 좋아하지 않았어요. 과거에 공산주의 운동을 했다는 이유로 그를 믿지 못했기 때문이에요. 더구나 이승만 정권의 방해로 진보당은 대부분의 개표장에 참관인을 보내지 못했기 때문에, 조봉암의 표는 이승만의 표로 둔갑하기가 다반사였어요. 부정과 비리가 난무하던 시기였기 때문에 참관인을 보내지 못한 당의 표가 무사할 리 없었겠죠? 이런 악조건 속에서도 조봉암이 전체 유효표의 23%나 득표했으니 대단한 일이죠. 이 선거를 두고 '선거에서는 이기고, 개표에서 졌다'는 말이 돌게 된 건 이런 이유 때문이에요.

문제는 자유당이 이 선거 결과로 인해 실질적인 위협을 느꼈다는 점이에요. 당시 이승만 대통령이 81세의 고령이었기 때문에 혹시라도 대통령이 사망하게 되면, 헌법에 규정된 대로 권력이 야당 소속의 장면 부통령에게 넘어갈 수도 있었기 때문이죠.

이승만은 친일파 출신의 관료를 앞세워 자신의 정권을 더욱 강화했어요. 남산과 탑골 공원에는 자신의 동상을 세워 공적을 찬양하게 했고요, 자신에게 대적하는 이에게는 직접적인 테러 공격을 가했어요. 그 결과 벌어진 사건이 장면 부통령 저격 사건이었어요. 이는 후일 이승만 정권이 무너진 뒤에야 진상이 밝혀졌어요. 사건의 배후는 바로 이승만이 내세웠던 친일파 출신의 내무부 장관과 치안 국장이었어요.

이승만 정권은 정치 깡패까지 동원해 민주당과 진보당을 공격하는 등 야당의 정상적인 정치 활동을 심각하게 방해했어요. 또 1958년에는 진보당 사건을 일으켜 조봉암과 진보당 인사들에게 간첩 혐의를 뒤집어씌웠어요. 6·25 전쟁으로 커진 반공주의를 악용한 것이죠. 결국 이 사건으로 조봉암은 사형을 선고받고 다음 해 처형되고 말았어요.

하지만 1958년 5월에 있었던 국회 의원 총선거에서 자유당은 다시 초라한 성적표를 받았어요. 전국 곳곳에서 경찰과 정치 깡패를 동원하고, 온갖 투개표 부정을 다 저질렀는데도 개헌선을 확보하는 데 실패한 거예요. 특히 대부분의 도시 지역에서는 야당 세력이 강하게 나타났어요. 여당은 농촌에서, 야당은 도시에서 강세를 보인다는 '여촌야도' 현상이 처음으로 나타난 거예요. 이제 이승만과 자유당은 웬만한 방법으로는 선거에서 이길 수 없음을 뼈저리게 깨닫게 되었어요.

선거에 이길 수 있다면 무엇이든

이승만과 자유당은 1960년 제4대 정부통령 선거를 위해 1958년 12월, 지방 자치법 개정안과 국가 보안법 개정안을 통과시켰어요. 워낙 이승만 정부에서 바꾼 것이 많아서 헷갈리는 친구들도 있을 거예요. 세세한 내용은 기억하지 못하더라고 정권을 유지하기 위한 이승만 정권의 욕심 섞인 노력이라는 점 하나만 기억하면 돼요. 그러면 설명을 이어가 볼게요.

먼저 지방 자치법을 개정한 이유는 정부통령 선거를 위해 시장, 읍장, 면장, 동장, 이장을 동원해야 하는데, 선거로 뽑는 제도로는 여당 편을 들 지방 공무원을 확보하기 힘드니, 선거제를 없애고 임명제로 바꿔 여당 편을 확보하겠다는 생각이었어요. 전에는 자신들의 선거에 유리하다는 이유로 지방 자치제를 도입하더니, 이번에는 자신들의 선거에 불리하다고 폐지하기로 한 거죠.

그렇다면 국가 보안법을 개정한 이유는 무엇일까요? 이는 개정안에 언론 조항을 넣어 이승만과 자유당 정권을 비판하는 언론에 재갈을 물리겠다는 의도였어요. 당시에는 《서울신문》을 제외하고 대부분의 일간지가 이승만과 자유당에 대해 비판적이었거든요. 국가 보안법 개정안의 첫 번째 희생자는 《경향신문》이었어요. 1959년 4월 《경향신문》은 이승만과 자유당에 대해 허위 사실을 보도하고 폭동을 선동했다는 이유로 폐간되고 말았어요. 당시 《경향신문》은 가톨릭 교단에서 운영하고 있었는데, 가톨릭 신자인 장면 부통령을 지지하고 있었기 때문에 첫 번째 희생자가 되었던 거예요.

이와 함께 이승만은 일찌감치 내무부 장관을 비롯한 각부 장·차관, 치안 국장을 비롯한 각도 경찰 국장, 기타 경찰 간부를 충성스러운 인사들로 갈아치우며 선거를 준비했어요. 대통령과 부통령 후보는 지난 선거 때와 마찬가지로 이승만과 이기붕이었어요.

이번 선거에서 이승만과 자유당에 맞설 야당은 민주당뿐이었어요. 진보당은 진보당 사건으로 정당 등록이 취소되었기 때문이에요. 민주당 대통령 후보는 조병옥, 부통령 후보는 장면으로 정해졌어요. 하지만 민주당의 불운은 계속됐어요. 조병옥이 지병으로 사망하고 말았거든요. 결국 이승만은 유일한 대통령 후보가 되었고, 선거는 사실상 부통령 자리만을 두고 경쟁하는 양상으로 변하고 말았어요.

어처구니없는 3·15 부정 선거

이승만과 자유당은 지난 선거에서 참혹한 실패를 경험했기 때문에 더욱더 선거에 박차를 가했어요. 이승만의 나이는 85세에 이르렀기에, 유사시 권력을 승계할 수 있는 부통령 자리가 4년 전보다 더욱 절실한 상황이었죠.

그런데 3월 3일 이승만 정권의 #부정 선거 계획이 민주당에 의해 폭로됐어요. 민주당이 자유당의 비밀 공문을 입수해 언론에 공개한 거예요. 공문에 의하면 이승만 정권은 4할 사전 투표, 3인조·9인조 공개 투표, 대리 투표, 투표함 바꿔치기, 표 바꿔치기, 민주당 참관인 매수·축출 등의 불법적인 선거 방법을 통해 자유당 후보가 80% 이상 득표할 수 있도록 계획하고 있었어요.

자유당이 계획한 부정 선거 방법이 한두 가지가 아니죠? 하나씩 살펴볼게요. 먼저 4할 사전 투표란 미리 이승만·이기붕을 뽑은 표를 40% 준비해 놓는 것을 말해요. 이 표를 몰래 섞어 자유당 후보의 득표율을 높이려는 계략이죠. 3인조·9인조 공개 투표는 무엇일까요? 주민들을 3인조, 9인조로 미리 묶어 함께 자유당 후보를 뽑게 만드는 걸 말해요. 비밀 선거를 하지 못하게 해서 자유당 후보를 강제로 찍게 만드는 거예요. 표 바꿔치기는 개표할 때 야당 표를 여당 표에 섞어 여당 표로 집계

하는 걸 말해요.

문제는 자신들의 계획이 이렇게 만천하에 드러났는데도 이승만과 자유당은 자신들의 계획을 멈추지 않았다는 점이에요. 오히려 이들은 더 철저하게 자신들의 계획을 실행했어요. 전국에 돈을 살포하고 고무신을 뿌려 표를 사려고 했고요. 깡패부터 연예인까지 동원할 수 있는 모든 사람을 동원해 선거를 어지럽혔어요. 전국에는 이승만과 이기붕을 찬양하는 글과 노래로 넘쳐났어요. 부끄러운 건 배울 만큼 배운 지식인들이 여기에 앞장섰다는 점이에요. 세상은 그만큼 부패해 있었던 거죠.

드디어 #3월 15일, 정부통령 선거가 시작되었어요. 선거는 자유당의 계획대로 진행되었습니다. 전국 곳곳에서 부정 선거가 저질러졌지요. 3인조·9인조 공개 투표는 말할 것도 없고, 대리 투표도 공공연하게 이루어졌어요. 민주당 참관인은 곳곳에서 쫓겨났고, 자유당 완장을 찬 사람들이 공포 분위기를 조성하며 사람들의 자유 선거를 방해했어요.

그렇게 투표를 끝내고 개표에 들어가니 자유당은 새로운 걱정을 해야 했어요. 이승만·이기붕의 득표수가 북한의 선거 결과처럼 95%, 97%가 넘을지도 모른다는 걱정이었죠. 이들은 급히 명령을 내렸어요. 이승만은 80%, 이기붕은 70% 선으로 득표율을 줄이라는 명령이었어요. 3월 15일의 선거는 사실 선거도 아니었던 거예요.

국민들의 저항과 4·19 혁명

이승만과 자유당의 말도 안 되는 민주주의 파괴 행위를 더는 두고 볼 수 없었던 국민들이 저항을 시작했어요. 첫 저항에 나선 이들은 놀랍게도 고등학생들이었어요. 2월 28일 학교 당국이 민주당의 유세에 참여하지 못하게 하려고 일요일에 기말 시험을 치르자 경북 고등학교 학생들이 '학원을 정치 도구화하지 말라!'고 외치며 시위를 한 거예요.

학생들의 시위는 전국 각지로 퍼졌어요. 이승만 정권은 집권 내내 학생들을 각종 집회와 시위에 동원했는데, 여기서 데모하는 방법을 배운 학생들이 '부정 선거 배격하자', '우리가 민주 제단을 지키자', '대한민국은 민주 공화국이다' 등의 구호를 외치며 이승만 정권을 반대하는 시위에 나서게 된 거예요.

하지만 부정 선거를 규탄하는 학생들의 목소리에도 굴하지 않고 3월 15일 전국의 투개표소에서 선거 부정이 행해지자 저항의 물결은 걷잡을 수 없이 퍼져 나갔습니다. 시위의 시작은 마산이었어요. 민주당 마산시당은 이승만 정권의 부정 선거가 너무 심하자 오전에 선거 포기를 선언하고 오후부터 시위에 나섰어요. 여기에 분노한 시민 1만여 명이 함께해 밤늦게까지 시위를 벌였어요. 군중들은 자유당·서울신문사와 파출소를 부수었어요.

이승만 정권은 마산의 시위에 강경하게 대응했어요. 결국 이 날 경찰의 발포로 많은 시민이 목숨을 잃고 다쳤죠. 하지만 이승만 정권은 마산 시위가 공산당의 수법과 비슷하다며 불온화했고, 학생과 청년을 마구잡이로 체포해 고문했어요.

그런데 4월 11일 오전 11시, 마산 중앙 부두 앞바다에 시신 한 구가 떠올랐어요. 머리에 최루탄이 박힌 17세 마산 상업 고등학교 예비 입학생 #김주열이었어요. 그의 죽음은 우리의 역사를 완전히 바꿔놓았어요. 마산 시민들은 이날부터 3일 동안 격렬한 시위를 벌였습니다. 어린 학생을 최루탄으로 직격해 사망에 이르게 하고, 이를 숨기려고 시신에 돌을 매달아 바다에 던져버린 비인간적 행태에 시민들은 분노할 수밖에 없었죠. 시위대에는 유난히 여성이 많았어요. 자식 같은 아이를 지키지 못했다는 슬픔이 그들을 움직인 거예요. 이들은 '이승만은 물러가라'는 구호를 외치기 시작했어요. 그렇게 마산의 시위는 전국으로 퍼져 나갔죠.

4월 18일 고려대학교 학생 3000명이 시위에 나섰어요. 이들은 '마산 사건의 책임자를 처단하라'며 거리로 뛰쳐나왔죠. 그런데 시위를 마치고 돌아가는 그들을 정치 깡패들이 습격했어요. 다음 날인 4월 19일 신문에는 깡패들의 폭력에 쓰러진 학생들의 사진이 대문짝만하게 나왔어요. 그 사진을 본 많은 사람들이 더 이상 가만히 있으면 안 된다고 생각한 걸까요? 그

동안 시위를 준비한 학생들이 이날 일제히 거리로 쏟아져 나왔어요. 서울대·동국대·성균관대·연세대 그리고 수많은 중고등학교 학생과 시민까지, 시위대는 순식간에 20만 명으로 불어났어요. 시위대는 '이승만은 물러가라', '독재 정권 물러가라'는 구호를 외쳤어요. 부정 선거에 분노해 시작된 시위가 이제 정권 퇴진 운동으로 바뀐 거예요. 이날 시위는 서울에서만 벌어진 게 아니었어요. 부산과 광주, 대구와 인천, 청주에서도 학생과 시민이 모여 시위를 벌였어요.

이승만 정권은 경찰을 앞세워 전국에서 벌어진 시위를 막았어요. 그들은 시위대를 향해 집단 발포도 서슴지 않았어요. 이날 하루 경찰의 총탄에 사망한 시민이 전국에서 100여 명이 넘었어요. 앞에서 보았던 한성 여자 중학교 2학년 진영숙도 그중 한 명이었죠. 이승만 정권은 서울, 부산, 대구, 광주, 대전에 비상계엄을 선포했어요. 그러나 학생과 시민들의 저항은 막을 수 없었어요.

4월 25일, 서울의 대학 교수 258명이 이승만의 퇴진, 정부통령 선거의 재실시, 부정 선거의 원흉 처단을 요구하며 시국선언문을 발표했어요. 그리고 '학생의 피에 보답하라'는 플래카드를 들고 거리 시위에 나섰죠. 대학 교수들의 시위는 다시 한번 학생과 시민의 대규모 시위를 촉발했어요. 수만 명의 시위대가 하루 종일 행진을 벌였고, 철야 시위를 거쳐 다음 날인

4월 26일까지 집회를 이어나갔습니다. 시민들은 이기붕의 집을 습격하고, 이승만의 동상을 쓰러뜨렸어요. 이날 시위는 4월 19일에 그러했듯이 전국 각지에서 동시다발적으로 벌어졌습니다.

학생과 시민들의 연이은 시위에 결국 이승만은 4월 26일 오전, 대통령직 사임을 발표했어요. 이로써 12년 동안 이어진 이승만의 독재는 막을 내렸어요. 우리는 학생과 시민이 이승만의 독재 권력을 무너뜨리고 민주주의를 다시 세운 이 사건을 '4·19 혁명'이라고 불러요. 4·19 혁명은 대한민국에서 학생과 시민이 승리한 최초의 사회 혁명이었어요.

4·19 혁명은 중고등학교 학생들이 그 시발점이었어요. 이들은 학교에서 배웠던 민주주의가 단지 교과서에 적힌 지식으로 그치는 것이 아니라, 현실에서도 그대로 지켜지기를 원했어요. 이 꿈을 실현하기 위해 이들은 행동에 나섰고, 여기에 초등학생부터 대학생, 대학 교수, 그리고 구두닦이, 상점 종업원, 실업자까지 남녀노소를 불문한 많은 사람이 함께해 이 꿈을 실현하게 된 거예요.

소련의 본모습을 만천하에 알린 헝가리 혁명

이승만의 극우 반공 독재가 점점 심해지던 1956년, 동유럽에서도 세계를 뒤흔드는 일이 일어났어요. 바로 헝가리 혁명이었어요.

동유럽은 제2차 세계 대전 이후 정치·경제적으로 완전히 소련에 종속되어 있었어요. 동유럽의 정치 지도자들은 소련의 간섭에서 자유롭지 못했습니다. 소련의 경제 계획에 따라 생산과 소비를 결정해야 했거든요. 헝가리도 마찬가지였어요. 헝가리의 자원은 소련의 필요에 따라 소비되었고, 그나마도 불평등한 무역으로 수탈되었죠. 이로 인해 헝가리는 심각한 경제적 위기에 봉착했어요. 식량도 부족하고 연료도 부족해지면서 헝가리 국민의 불만은 점점 높아질 수밖에 없었죠.

결국 1956년 10월, 헝가리의 수도 부다페스트에서 시민과 학생으로 구성된 대규모 시위가 발생합니다. 시위대의 첫 번째 요구 사항은 소련과 평등한 관계하에서 독자적인 국가 정책을 수립하라는 것이었습니다. 정상적인 국가라면 지극히 당연한 일인데, 이런 주장을 해야 하는 헝가리 국민의 마음은 얼마나 답답했을까요? 이들은 경제 위기 극복을 위해 경제 계획 수정을 원했고, 임금 수준 개선과 생활 수준 향상도 요구했어요. 그리고 이 모든 개혁을 위해 현 정권이 물러나고 새로운 정권을 구성하길 바랐죠.

하지만 헝가리 정부는 시민들의 요구를 묵살하고 폭력 진압으로 맞섰어요. 경찰의 발포로 피해자가 속출하자 시민들은 돌과 화염병을 들고 독재 권력을 무너뜨리기 위한 싸움을 시작했습니다. 이렇게 헝가리 혁명이 시작됐어요.

헝가리 정부는 소련에 군사 개입을 요청했고, 소련군 탱크가 시내 곳곳에 진주(군대가 파견되어 주둔함)합니다. 그러자 수많은 헝가리 병사가 자기 무기를 시민들에게 넘기고 혁명에 가담하기 시작했어요. 결국 헝가리 정부는 시민들의 요구에 굴복해 새 정부 구성을 선포했어요. 새 정부는 소련군의 즉각적인 철수를 약속하는 한편 공산당 일당 독재 체제를 폐지하고 복수 정당에 의한 연립 정권 수립을 선언합니다. 소련을 중심으로 한 군사 동맹인 바르샤바 조약 기구 탈퇴와 함께 중립도 선언했고요. 헝가리 혁명은 그렇게 성공하는 듯했습니다.

하지만 문제는 소련이었어요. 소련군이 철수하는 척하면서 군대를 빼더니, 어느새 부다페스트를 포위하고 고립시키기 시작한 거예요. 헝가리 정부는 소련군이 헝가리의 중립성을 침해하고 있다며 유엔을 통해 세계 여론에 호소했어요. 하지만 소련은 오히려 20만 명에 달하는 대규모 군대를 동원해 헝가리 전역을 포격하기 시작했죠.

헝가리 국민은 전국 각지에서 소련군에 맞서 싸웠어요. 무력 항쟁은 두 달 가까이 계속됐습니다. 하지만 양측의 전력 차이는 도저히 극복할 수 없는 수준이었어요. 결국 새 정부는 출범한 지 얼마 지나지 않아 무너지고 말았습니다.

헝가리 혁명은 수만 명의 사상자와 20만 명에 이르는 국외 망명자를 낸 채 실패로 끝났어요. 그 뒤를 채운 건 또 다른 독재자의 등장이었죠. 소련군을 등에 업고 등장한 카다르 야노시는 이후 32년 동안 권력을 독점하며 헝가리 최악의 독재자로 군림했어요. 하지만 헝가리 혁명은 세계사에서 커다란 발자취를 남겼어요. 가난한 노동자·농민을 위한 나라로 알려졌던 소련이 사실은 자신의 이익을 위해 언제든 이웃 나라의 국민을 착취하고 학살할 수 있는 나라라는 사실이 만천하에 드러나는 계기가 됐으니까요.

이후 헝가리는 어떻게 됐을까요? 1989년 동유럽 혁명으로 공산당 독재 정권을 몰아내고 민주화에 성공했어요. 국민을 속이고 민주주의를 압살하는 독재 정치는 영원할 수 없다는 것을 잘 알 수 있는 예입니다.

3부

군부 독재의 어두운 그림자와 민주화로 가는 길

1960~1979

#11

우리나라도 내각 책임제였던 시기가 있다고? 장면 정부

#허정_과도_정부 #내각_책임제 #장면_국무총리
#윤보선_대통령 #윤보선_정부_아니고 #장면_정부

"신정부가 기도하는 바는
첫째로 과거 부패 정권이 취해 온
관권 경제와 불균형한 산업 구조 등을
지양하는 것이 급선무이다."

-장면 총리의 국회 시정 연설

이승만 정권이 물러나고 난 후 등장한 새로운 정권! 그런데 새 정권의 대통령은 윤보선인데 우리는 왜 '윤보선 정부'가 아니라 국무총리인 장면의 이름을 따 '장면 정부'라고 부를까요? 이 시기에 역대 한국 민주주의사에서 딱 한 번 채택되었던 '내각 책임제' 때문이랍니다. 민주당 정권과 장면 내각이 그려간 한국은 어떤 모습이었을까요?

"부패와 사치 풍조를 배격하라."

"농민의 피땀, 사치로 낭비하지 말라."

4·19 혁명 이후 대학생들은 국민 계몽대를 만들어 도시와 농촌에서 선거 계몽에 나섰어요. 계몽 운동이라고 하면 대한제국 말기에 일어난 애국 계몽 운동이 떠오르진 않나요? 애국 계몽 운동은 외세의 침략이라는 민족의 위기를 극복하기 위해 교육과 산업을 발전시켜 부국강병을 이루자는 기치를 내건 독립운동이었죠. 이번에 일어난 계몽 운동의 대상은 외세가 아닌 민주주의의 발전을 저해하는 정부이며, 현 상황을 국민과 함께 극복하기 위한 민주주의 운동이라는 점에 그 의의가 있습니다. 학생들은 정치적 자유의 확대와 경제적 독점을 막기 위해서는 국민의 도덕과 생활이 바뀌어야 한다고 생각했어요. 4월 혁명 이전까지 이승만 독재 정권의 유지가 가능했던 근본적 이유가 국민의 무지라고 판단했거든요. 게다가 대학생들은 '정치만 혁명이냐, 생활도 혁명하자'는 구호 아래 신생활 운동을 벌였어요. 신생활 운동은 부패한 관리에 대한 정화 운동이자, 자립 경제 수립을 목표로 한 외래품 소비와 사치 풍조를 배격하는 운동이었어요.

대학생의 신생활 운동은 4·19 혁명이 가져온 여러 가지 변화 가운데 하나였어요. 4·19 혁명이 가져온 변화는 또 무엇이 있었을까요?

내각 책임제로 개헌하다

이승만 대통령이 사임한 후, 그 뒤를 이은 사람은 허정 외무부 장관이었어요. 그는 대통령 권한 대행이 되어 과도 정부를 이끌었어요. 원래 대통령이 제 역할을 하지 못하게 되면 부통령이 그 자리를 대신해야 하지만, 당시 장면 부통령은 이승만 대통령의 사임을 압박하기 위해 먼저 사임한 상태였기 때문에 외무부 장관인 허정이 대신하게 된 거예요.

#허정 과도 정부에게 맡겨진 임무의 핵심은 3개월 안에 헌법을 개정하고 선거를 통해 구성될 차기 정부에 정권을 넘기는 것이었어요. 해야 할 일은 이뿐만이 아니었어요. 3·15 부정 선거의 책임자와 부정 축재자 처벌, 이승만 독재를 도운 경찰·검찰·군 인사의 청산과 제도 개혁, 이승만과 자유당 정권이 훼손한 민주주의의 복원과 확대 등도 동시에 해야 했죠.

그러나 허정 과도 정부는 핵심적인 임무 외에 자신에게 주어진 과제를 수행하기에는 선천적으로 적합하지 않았어요. 허정 스스로가 이승만을 신봉하던 사람인 데다 보수적인 반공주의

자여서 되도록 4·19 혁명의 영향을 최소화하려고 했거든요. 그는 혁명적인 정치 개혁을 비혁명적인 방법으로 실행하겠다고 공언했는데, 이는 혁명적인 개혁은 되도록 하지 않겠다는 말과 다름없었죠.

결국 허정은 3·15 부정 선거 관련자와 부정 축재자 처벌을 제대로 하지 않았어요. 이승만 정권하에서 권력을 유지했던 관료나 경찰을 그대로 발탁했고요. 부정 선거의 최고 책임자라고 할 이승만도 아무런 처벌 없이 미국 하와이에 망명을 보내는 것으로 대신했죠. 그는 자신에게 주어진 과제를 제대로 이행하지 않고 4·19 혁명의 결과에 찬물을 끼얹었어요. 유일하게 잘한 일은 권력에 욕심을 부리지 않고 다음 정권에 권력을 넘긴 것이었죠.

1960년 6월, 국회는 #내각 책임제(의원 내각제) 개헌안을 통과시켰어요. 내각 책임제란 영국처럼 의회에서 다수 의석을 차지한 정당에서 행정부를 구성하는 정치 제도를 말합니다. 선거로 선출된 대통령 1인에게 행정부 구성권이 돌아가는 대통령제와는 다르게 의회와 정당에 힘이 실리지요. 민주당이 오랫동안 원했던 꿈이 실현된 것이었죠. 이제 국가의 실질적인 최고 지도자는 국무총리였어요. 국회는 상하 양원제로 구성되어 상원인 참의원과 하원인 민의원으로 나뉘었어요. 또 법원의 독립성을 크게 높여 정부가 좌지우지할 수 없도록 했고요.

새 헌법은 국민의 기본권도 크게 강화해 언론·출판·집회·결사의 자유를 제대로 보장하도록 했어요. 또 정부 마음대로 정당을 해산할 수 없도록 했고, 중앙 선거 관리 위원회의 위상을 높여 부정 선거의 가능성을 차단하고자 했어요. 국가 보안법의 언론 조항처럼 국민의 기본권을 제한하는 데 악용되었던 각종 악법도 폐지했습니다.

같은 해 7월 29일에는 참의원과 민의원을 뽑는 국회 의원 선거를 실시했어요. 이번 선거는 이승만 정권하에서 치러진 선거에 비하면 아주 공명정대하게 치러졌어요. 물론 일부 지역에서는 아직도 막걸리나 고무신이 오고 갈 정도로 혼탁했어요. 이는 민주주의를 거듭해 나가며 앞으로 계속 고쳐가야 할 과제였습니다.

선거 결과는 민주당의 압승으로 나타났어요. 이승만 치하에서 당한 설움을 충분히 보상하고도 남을 결과였어요. 문제는 선거 과정에서 민주당 내에 갈등이 생겼다는 점이에요. 얼마나 갈등이 심했던지 구파와 신파로 나뉘어 거의 선거를 따로 치를 정도였으니까요.

과거 자유당 인사였던 사람들이 일부 의석을 차지하게 된 것도 문제였어요. 이들의 존재가 3·15 부정 선거 책임자와 부정 축재자 처벌 등 이승만 정권을 청산하는 데 방해가 될 것이 분명했기 때문이지요.

지난날 진보당에 참여했던 인사들도 7·29 총선거에 나왔어요. 이들은 '혁신 세력'이라고 불리며 대중의 관심을 끌었습니다. 하지만 하나의 정당으로 세력을 모으는 데 실패한 데다, 조직이나 자금도 부족해 의회에서 단지 몇 석을 얻는 데 그치고 말았어요.

장면 정부가 출범했지만…

1960년 8월 국회는 민의원, 참의원 합동 회의에서 대통령과 국무총리를 선출했어요. 대통령에는 민주당 구파인 윤보선이, 국무총리에는 민주당 신파인 장면이 선출됐습니다. 국무총리가 신파에서 나왔다는 건 무슨 뜻일까요? 바로 구파가 힘 겨루기에서 밀렸다는 뜻입니다. 정권을 잡는 데 실패한 민주당 구파는 결국 분당을 선언하고 10월에 신민당을 창당했어요. 이에 따라 #장면 정부는 크게 흔들렸지만, 다행히 과반수 의석을 확보하면서 1961년부터 점차 정국을 안정시킬 수 있었어요.

장면 정부는 출범 초기부터 경제 제일주의를 내세웠어요. 경제 발전에 대한 민중들의 열망이 크다는 것을 잘 알고 있었기 때문이었지요. 특히 이들은 경지 정리, 관개 및 배수, 산림녹화, 도로·교량 건설, 댐 건설 등 경제 인프라 구축을 중요하게 생각했어요. 장면 정부는 1961년 4월, 제1차 5개년 경제 개발 계획을 수립하고 의욕적으로 국토 개발 사업을 벌여나갔어요.

그런데 장면 정부에는 심각한 문제가 하나 있었어요. 이승만 정권의 독재에 맞서 싸우긴 했지만 이들 역시 사상적으로는 이승만 정권과 크게 다르지 않은 보수적인 반공주의자들이다 보니, 허정 과도 정부와 마찬가지로 4·19 혁명을 계승하여 과거사를 청산하려는 의지가 너무 약했다는 점이에요. 여론은 특별법을 제정해서라도 혁명을 완수할 것을 요구했지만, 장면 정부는 계속 소극적인 태도만 보였던 것이지요. 결국 10월에 있었던 3·15 부정 선거 책임자에 대한 1심 판결은 대부분 무죄이거나 가벼운 처벌로 끝나고 말았어요. 검사나 판사 모두 이승만 정권하에서 임명되었던 이들이다 보니 이런 판결이 내려지게 된 것입니다.

그러다 보니 국민 여론은 급격히 악화됐어요. 여론의 압박이 심해지자 국회는 어쩔 수 없이 헌법을 개정하고, 부정 선거 관련자 처벌법, 부정 축재자 처벌법, 반민주 행위자 공민권 제한법, 특별 재판소 및 특별 검찰부 조직에 관한 법률 등을 통과시켰어요. 하지만 기대와는 다르게 과거사 청산은 큰 성과를 내지 못했습니다. 유일하게 잘한 일은 이승만 정권하에서 일했던 고위 관료들과 경찰을 상당수 해임시켰다는 정도였어요.

곳곳에서 빗발친 민주화 요구

4·19 혁명 이후 정부에도 큰 변화가 있었지만, 사회 곳곳에서 민주화를 위한 요구가 빗발쳤어요. 이는 각종 시위와 집회로 터져 나왔습니다. 특히 학생과 노동자, 교사, 이승만 정권하에서 피해를 입은 피해자 유족 등이 앞장섰습니다.

먼저 대학생들은 국가의 통제 조직이었던 학도 호국단을 폐지하고 자치 학생회를 만들어나갔어요. 자치 학생회는 권력에 기대어 아부했던 교수들의 축출과 재단 비리 청산 등 학원 민주화 운동을 벌이는 한편, 앞서 살펴본 것처럼 국민 계몽 운동, 신생활 운동 등을 벌였어요. 고등학생도 동맹 휴학을 통해 이승만 정권에 아부하며 부정 선거에 관계했던 교장과 교감, 교사의 사퇴를 요구하는 운동을 벌였고요.

노동자들은 이승만 정권에 종속되었던 노동 조합을 민주화하는 운동을 벌였어요. 부산 부두 노동 조합이나 인천 자유 노동 조합이 대표적인 예에요. 전국에서 많은 노동 조합이 새롭게 만들어지기도 했어요. 한편 개혁적인 인사들을 중심으로 노동 조합 상급 단체인 한국 노동 조합 총연합회가 만들어지기도 했어요. 그러나 4·19 혁명 이후 혁명적인 분위기가 냉각되면서 기존의 노조가 그대로 기득권을 유지하는 경우도 많았어요. 이 시기 노동 운동의 한계였습니다.

한편 교사들은 전국 각지에서 교원 노동 조합을 결성했어요. 4·19 혁명 과정에서 어린 학생들의 희생을 목격한 교사들이 부채 의식 속에 교육과 학교의 민주화를 위해 나서기 시작한 거예요. 그러나 장면 정부는 공무원의 집단 행동을 금지하는 국가 공무원법을 이유로 교원 노조를 인정하지 않았어요. 이에 교사들은 교원 노조 합법화를 위한 투쟁을 벌였어요.

6·25 전쟁 중 곳곳에서 벌어진 민간인 학살 사건의 피해자 유족들은 유족회를 만들어 진상 규명 운동을 벌였어요. 유족회의 활동이 가장 활발했던 곳은 경상남도였어요. 유족들은 학살을 저지른 사람들을 법원에 고발해 처벌을 요구했어요. 또한 학살 장소를 직접 찾아내 유해를 수습하고 진상 규명 작업을 벌이기도 했어요. 제주에서는 제주 4·3 사건에 대한 진상 규명 운동이 벌어졌고, 서울에서는 김구 암살 사건에 대한 진상 규명 운동이 벌어지기도 했어요.

한편 4·19 혁명 이후 통일 운동도 크게 일어났습니다. 분단된 지 얼마 지나지 않아 통일을 원하는 여론이 높았는데, 이를 억지로 누르던 이승만 정권이 무너지자 봇물 터지듯 통일 운동이 일어난 거예요. 통일 운동에는 대학생과 혁신 세력이 적극적으로 참여했어요. 장면 정부는 반공법과 데모 규제법을 만들어 이를 막으려고 했지만, 오히려 반발을 사 통일 운동 세력을 더욱 키우고 말았어요.

그러나 4·19 혁명 이후 분출했던 각계각층의 민주화 요구는 1961년 5월 벌어진 한 사건에 의해 모두 무위로 돌아가고 말았어요. 바로 5·16 군사 정변이었습니다.

#12

5·16이 혁명이 아니라 군사 정변인 이유

5·16 군사 정변과 박정희 정권

#5월_16일 #군사_정변 #박정희 #군사_혁명_위원회 #산_넘어_산

"우리 군부가 궐기한 것은 현 정권과 기성 정치인에게 더 이상 국가의 운명을 맡겨둘 수 없다고 판단하고, 백척간두의 위기에서 방황하는 국가의 운명을 극복하기 위한 것이다."

-군사 정변 세력 상오 5시 서울 중앙 방송국 첫 방송

장면 정부가 수립된 지 얼마 지나지 않아 한국은 또 한 번 격변의 시기를 겪습니다. 5월 16일 군사 정변이 일어난 것이죠. 국방을 책임져야 할 군부가 왜 갑자기 정권을 장악한 것일까요? 그리고 군사 정변 이후 국민들의 삶은 어땠을까요?

"반공을 국시(국가 정책의 기본 방침)로 삼고 반공 체제를 강화할 것입니다."

"모든 부패와 구악을 일소(한꺼번에 싹 제거함)할 것입니다."

1961년 #5월 16일 새벽, 해병대와 공수 특전단, 포병대 등으로 구성된 무리가 한강을 건넜어요. #군사 정변을 일으킨 것은 #박정희 소장을 중심으로 한 육사 5기, 8기 군인들이었어요. 이들은 육군 본부, KBS 방송국, 국회 의사당, 중앙청을 차례차례 점령한 후 대한민국 전역에 비상계엄을 선포했어요.

이들은 라디오 방송을 통해 '#군사 혁명 위원회'를 조직하고 행정·입법·사법 삼권을 완전히 장악했음을 밝혔어요. 그리고 6개 조항으로 된 '혁명 공약'을 발표했습니다. 그 내용의 일부가 바로 반공을 국시로 삼고, 부패와 구악을 일소하겠다는 것이었어요.

군부 세력의 병력은 겨우 3600명에 지나지 않았어요. 그런데도 이들은 사흘만에 군사 정변을 완전히 성공시킬 수 있었어요. 어떻게 이렇게 쉽게 성공할 수 있었던 걸까요?

군사 정변이 성공할 수 있었던 이유

첫 번째 이유는 장면 정부가 군을 잘 알지 못하는 민간인을 국방부 장관으로 임명해, 군을 제대로 통제하지 못했다는 점이에요. 또 장도영이라는 사람을 육군 참모 총장으로 앉힌 것도 문제였어요. 장도영은 군사 정변이 일어날 거라는 정보를 알고서도 막을 생각을 하지 않았거든요. 여기에 장면 국무총리가 초기에 몸을 숨겨 수습을 제대로 하지 못한 것도 군사 정변 성공의 이유였지요.

두 번째 이유는 윤보선 대통령이 군부 세력 진압을 반대했기 때문이에요. 앞에서 장면 정부가 성립한 후 민주당 구파는 갈등 끝에 신민당을 창당했다고 했죠? 윤보선 대통령은 신민당의 지도자였기에 장면 정부의 성공을 바라지 않았어요. 그래서 사건이 발생하자 '같은 나라 사람들끼리 싸우지 말자'는 말로 진압을 반대했던 거예요.

세 번째 이유는 미국 정부가 '개입'하지 않았기 때문이에요. 당시 한국군에 대한 군사 작전권은 온전히 미국에 있었어요. 의지만 있었다면 미국은 충분히 진압할 수 있었습니다. 하지만 미국은 개입하지 않았어요. 사실상 장면 정부를 버리고 군사 정변을 '인정'하기로 결정한 거예요.

당시 미국 CIA 국장이던 앨런 덜레스는 훗날 "재임 중 해외 활동으로 가장 성공을 거둔 것은 5·16 군사 정변이었다"라고 말했어요. 미국 정부가 장면 정부에 대한 지지를 접고 한국의 군사 정변을 도운 것이 아니냐는 의심을 할 만한 진술이죠. 그러나 지금까지 미국의 사주를 증명한 명확한 문서 자료는 발견되지 않았어요.

군사 정변은 왜 일어났을까?

그렇다면 5·16 군사 정변이 일어난 이유는 무엇일까요? 정변을 일으킨 세력은 우리나라가 4·19 혁명 이후 정치·사회적으로 불안해져서 체제가 무너질 절체절명의 위기에 빠졌기 때문이라고 주장했어요. 장면 정부 때 늘어난 집회와 시위가 반공 체제를 뒤흔들어 위기에 처했기 때문에 일으켰다는 것입니다. 하지만 이것은 군사 정변을 일으킨 세력이 내세운 명분일 뿐이었어요. 장면 정부는 초기에 조금 혼란스러웠지만 차츰 정권이 안정되어 가고 있었거든요.

5·16 군사 정변이 일어난 진짜 이유는 군 내부에 있었어요. 6·25 전쟁을 거치면서 한국군은 양적으로 급속히 팽창했습니다. 그만큼 한국 사회에서 군의 비중이 커진 거예요. 여기에 미국은 여러 한국군 장교를 뽑아 미국에서 직접 교육했어요. 일반 국민의 미국 유학이 쉽지 않은 상황에서, 미국 유학 경험은

자연스럽게 장교들의 엘리트 의식으로 연결되었죠.

문제는 이런 엘리트 장교들이 인사 적체로 진급하기가 쉽지 않았다는 점이에요. 진급할 자릿수에 비해 6·25 전쟁 때 양산한 장교의 수가 너무 많았던 것입니다. 이들의 불만은 정군 운동으로 나타났어요. 정군 운동이란 이승만 정권 당시 부정 선거나 부정부패에 관련된 상급 장교들에게 퇴진을 요구한 운동을 말해요. 하지만 정군 운동으로 고위급 장교를 몇 명 자른다고 해서 인사 적체 문제를 모두 해소할 수는 없었겠죠? 결국 정군 운동을 주도하던 몇몇 장교들이 군사 정변을 일으켜 정권을 장악하기로 계획을 세우게 된 거예요. 즉 진급 적체로 불만을 가졌던 일부 장교의 권력욕이 바로 5·16 군사 정변이 일어난 직접적인 이유였던 셈입니다.

5·16 군사 정변이 '혁명'이라고?

박정희를 중심으로 한 군부 세력은 자신들의 행동을 '5·16 군사 혁명'이라고 불러요. 마치 자신들이 4·19 혁명을 계승한 것처럼 말이죠. 정말 5·16 군사 정변은 혁명이었을까요? 박정희와 군부 세력이 한 행동을 보면 그 답을 알 수 있어요.

그들은 최고 기관으로 군사 혁명 위원회를 만들고 모든 위원을 군인으로 채웠어요. 이후 군사 혁명 위원회를 국가 재건 최고 회의로 바꾸고 내각을 발표하는데, 이것도 군인들이 모든 자리를 차지하죠. 이뿐만이 아니에요. 서울특별시장부터 각 도지사, 시장, 군수, 읍장, 면장까지 모든 자리가 군인들의 차지가 되었죠.

국가 재건 최고 회의는 헌법과 헌법 기관의 활동을 모두 정지시키고 모든 정당과 사회단체를 해체했어요. 그리고 국가 최고 기관으로 행정·입법·사법권까지 모든 권한을 행사했죠. 박정희와 군부 세력은 이렇게 우리나라 국민이 4·19 혁명을 통해 피로써 다시 세운 소중한 민주주의를 모두 파괴해 버렸어요.

이들은 불법으로 얻은 권력을 지키기 위해 중앙 정보부를 만들어 국민의 삶을 통제하기 시작했어요. 중앙 정보부는 정보·사찰 기능뿐만 아니라 수사권까지 가진 무소불위의 권력 기관이었어요. 이들은 여야 정치인, 고위 공무원, 각계 중요 인물, 사상범이나 요시찰자(사상이나 보안 등의 문제와 관련하여 행정 당국이나 경찰의 감시 대상이 된 사람), 학생 운동 지도자 등을 감시했어요. 중앙 정보부의 역할은 여기서 멈추지 않았습니다. 행정부의 여타 기관을 지휘, 감독하면서 각종 법안을 개정하거나 주요 정책에 관여하기까지 했거든요.

뿐만 아니라 자신들의 행동을 합리화하기 위해 '혁명 재판소'와 '혁명 검찰부'를 조직했어요. 먼저 혁명 재판소에서는 장면 정부가 끝내지 못한 부정 선거 관련자와 부정 축재자 처벌

문제를 다뤘어요. 하지만 역시 이들에 대한 처벌은 대부분 가벼운 처벌에 그치고 말았어요. 오히려 이들은 혁신계 정당 관련 인사나 교원 노조 관계자, 피학살자 유족회 관계자, 학생 운동 지도자들을 반국가 행위로 몰아 아주 무겁게 처벌했어요. 4·19 혁명 이후 민주주의를 되찾는 과정에서 있었던 긍정적인 변화를 모두 거꾸로 되돌려 버린 거예요. 군사 정변을 일으킨 세력이 말하는 '5·16 군사 혁명'은 4·19 혁명을 계승한 것이 아니라 오히려 4·19 혁명의 반혁명이었다는 점을 잘 보여주는 예입니다.

'구악'보다 심한 '신악'

그렇다면 박정희와 군부 세력의 통치는 어땠을까요? 안타깝게도 모든 일이 처음이었던 이들 세력은 정치와 경제, 행정 등 모든 면에서 실패했어요.

고리채에 허덕이는 농촌을 구제하겠다고 '농어촌 고리채 정리법'을 공포했지만 농민들은 더욱 어려운 상황에 부닥치고 말았어요. 빚을 탕감해 준 건 좋았지만, 빚을 또 얻지 못하면 당장 살기 어려웠던 농민들이 더 이상 빚을 얻을 수 없게 되어 더 생활하기 힘들어졌던 거예요.

부유한 사람들이 숨긴 자금을 은행으로 끌어와 경제 개발을 위한 자금으로 활용하려고 했던 화폐 개혁도 끔찍한 실패로 끝나고 말았습니다. 경제에 대해 잘 알지도 못하는 군인들이 주먹구구식으로 화폐 개혁을 하다 보니 아무런 성과도 내지 못하고 경제에 부담만 주게 되었던 거예요.

여기에 거액의 정치 자금을 마련하기 위해 군사 정변 세력이 저지른 부정과 비리 사건도 우리나라의 경제를 뒤흔들어놓았어요. 증권 파동, 워커힐 호텔 건축 사건, 파친코 도입 사건, 새나라 자동차 사건 등이 이들이 저지른 대표적인 부정·비리 사건이에요. 정치 자금을 확보하기 위해 주가를 조작하고, 호텔 건축비를 빼돌렸으며, 도박용 기계 도입을 허가해 준 대가로 뇌물을 받고, 자동차 산업의 발전을 위한다며 오히려 전혀 도움이 되지 않는 자동차 완제품을 수입해 팔아먹은 사건들입니다.

구악 일소를 주장하며 부패 척결과 사회 정화를 내세웠던 군사 정변 세력은 이러한 사건으로 인해 도덕성에 큰 타격을 입었어요. 이제 국민은 박정희 군사 정권을 '구악'보다 심한 '신악'이라고 부르기 시작했습니다.

#13

민주주의 기본 원칙을 박살 낸 악법

삼선 개헌과 유신 헌법

#민주_공화당 #삼선_개헌 #유신_헌법
#정부:_개헌합니다 #민중:_또요?

"박정희 씨여! 이 나라 민주주의에 대한 일천의 양심이 있으면, 4·19와 6·25때 죽은 우리 영령들 주검의 값에 대한 생각이 있으면, 삼선 개헌만은 하지 마시오!"

– 김대중의 '삼선 개헌 반대 범국민 투쟁 위원회 시국 대연설회' 연설

박정희와 군부 세력은 사회가 정치 경제적 안정을 되찾으면 정치인들에게 언제든 정권을 이양하고 원래 군인의 직분으로 돌아가겠다고 했지만, 대통령이 되고 난 후 손에 쥔 권력을 쉽게 놓지 못합니다. 오히려 장기 집권을 하기 위한 개헌을 감행하는데요, 그 과정에서 어떤 일들이 벌어졌을까요?

"우리는 결코 불운의 시대에 살고 있다고 할 수는 없습니다. 오히려 우리 한국인 모두가 정의와 진정한 자유에 대한 것을 알고 그것을 갈구하게 되었으니까요. 마음이 젊고 밝은 사람들에게는 정의의 피가 흐릅니다."

– 모 여고 2학년, M반 일동

1975년 새해 벽두부터《동아일보》에 특이한 광고가 실리기 시작합니다. 학생과 시민이 기업 광고가 실려야 할 광고란에 개인 광고를 싣기 시작한 거예요. 광고는 어떤 이미지도 없이 하얀 백지에 몇 자의 글자로만 이루어졌다고 해서 '백지 광고'라고 불렀어요. 도대체 무슨 일이 있었기에 학생과 시민이 너도나도 신문에 광고를 하게 된 걸까요?

정권을 민간인에게 넘기겠다 했지만

박정희와 군부 세력은 처음 군사 정변을 일으킬 때부터 자신들의 목적이 이루어지면 군인의 통치를 끝내고 정치인에게 정권을 넘기겠다고 약속했어요. 군사 정변의 명분을 위해 어쩔 수 없이 한 약속이었죠.

하지만 박정희는 정권을 넘길 생각이 조금도 없었어요. 자신이 군복을 벗고 민간인이 되어 직접 대통령 선거에 나설 생각이었죠. 이를 위해 그는 사전에 #민주 공화당이라는 정당을 만들었어요. 위협이 될 만한 중요 정치인은 정치를 하지 못하게 법으로 막아두었고요.

그런데 군부 세력 내부에서 박정희의 발목을 잡았습니다. 군인 중 일부가 박정희에게 정치를 하지 말고 군으로 돌아가라고 요구한 거예요. 박정희는 어쩔 수 없이 정치에 참여하지 않겠다고 약속할 수밖에 없었어요. 하지만 얼마 지나지 않아 놀라운 선언을 하고 나섭니다. 정치인에게 정권을 넘기지 않고, 군부가 계속해서 통치를 하겠다는 것이었습니다. 자신에게 정치를 하지 못하게 하면 군정을 연장해서라도 권력을 놓지 않겠다는 거였습니다.

결국 미국의 개입으로 타협이 이루어져요. 군부 통치 연장을 포기하는 대신 박정희의 정치 참여를 허용하기로 한 거예요. 박정희는 대통령 중심제로 헌법을 바꾼 후 1963년 10월, 대통령 선거에 나섭니다. 그는 미리 만들어놓은 민주 공화당 조직과 공무원 조직을 총동원해 선거를 치러요. 야당의 정치 활동이 금지되어 있을 때 만든 강력한 당 조직에다가, 불법적으로 공무원까지 총동원했으니 선거 결과는 불 보듯 뻔한 일이었겠지요? 여기에 박정희는 미국에서 원조 물자로 받은 밀가루까지 영호남(경상도와 전라도) 지역의 농촌에 대량으로 살포합니다. 결국 박정희는 대통령에 당선됐어요. 반칙에 반칙을 거듭한 부정 선거의 결과였습니다.

한일 회담 반대 운동이 일어난 이유

박정희 정권은 자신들의 부족한 정통성을 경제 개발로 만회하려고 했어요. 이를 위해 적극적으로 한일 회담에 나섰어요. 미국의 요구에 부응해 일본과 국교를 정상화하고, 경제 개발을 위한 자금을 마련하겠다는 계획이었죠. 미국은 소련과 중국에 대항하기 위해 아시아에서 한·미·일 안보 체제를 강화하려고 했었거든요. 이를 위해선 한국과 일본의 수교가 필수였습니다.

문제는 박정희 정권이 경제 개발 자금을 얻는 것을 최우선 목표로 삼으면서 굴욕적인 자세를 취하며 일본에 요구해야 할 것을 제대로 요구하지 못했다는 점이에요. 더구나 박정희 정권은 국민에게 한일 수교의 필요성을 제대로 설명하지 않고 군사 작전 하듯이 비밀리에 추진하면서 국민에게 뭔가 숨기는 게 있는 것 아니냐는 의심을 사게 되었죠. 당시 한 야당 의원은 박정희 정권이 일본 정부로부터 정치 자금을 받았다고 폭로했어요. 박정희 정권은 이 사실을 부인했지만, 2000년대에 들어 미국

CIA 문서가 공개되면서 민주 공화당이 각종 일본 기업으로부터 거액의 정치 자금을 받은 일이 드러났죠.

결국 야당과 재야 세력, 그리고 각지의 학생들이 한일 회담을 반대하고 나섰어요. 1964년 3월부터 6월까지 대규모 시위가 연이어 일어났습니다. 특히 6월 3일에 있었던 시위는 전국 각지에서 벌어져 4·19 혁명을 재현하는 것 같았어요. 박정희 정권은 학생들의 시위를 막기 위해 계엄령까지 선포했어요. 그리고 각종 조직 사건을 조작해 학생들을 탄압했죠.

전국의 학생과 국민의 반대에도 불구하고 이듬해인 1965년 6월, 한일 기본 조약과 협정에 양국이 서명하면서 한일 간 국교 정상화가 이루어졌어요. 하지만 일본은 이 과정에서 과거 우리나라에 대한 식민지 지배에 대해 제대로 사과하지 않았어요. 또 일본은 협정에 들어간 '완전하고 최종적인 해결'이라는 문구를 이용해, 이후에 새롭게 밝혀진 피해에 대한 모든 배상을 거부했죠.

더구나 일본은 우리나라에 주는 자금을 '독립 축하금'이라고 불렀어요. 일본이 준 돈은 식민지 통치 과정에서 일본이 한국에 입힌 손해에 대한 배상금이었는데, 일본 정부는 그 사실 자체를 인정하지 않았던 거예요. 일본이 이렇게까지 뻔뻔하게 나올 수 있었던 것은 박정희 정권이 협상을 제대로 하지 못했기 때문이에요. 그래서 우리나라 학생과 국민의 반대에 부딪힐 수밖에 없었던 것입니다.

장기 집권을 노린 삼선 개헌

1967년 5월, 박정희는 대통령 재선에 성공했어요. 야당이 지리멸렬했기에 손쉽게 이길 수 있었죠. 그러나 박정희는 여기에 만족하지 않았어요. 그는 6월에 있었던 총선에서 대대적인 부정 선거를 저질렀어요. 헌법의 대통령 삼선 금지 조항을 철폐하기 위해서는 전체 의석의 2/3에 해당하는 의석수가 필요했거든요.

박정희 정권은 불법적으로 공무원 조직을 총동원해 선거 운동을 벌였어요. 박정희는 전국을 돌아다니며 선심성 공약을 발표했는데, 이를 위해 아예 선거법 시행령을 고쳐서 대통령과 국무 위원이 자유롭게 선거 운동을 할 수 있도록 법을 바꿔버리기까지 하죠. 반면 경쟁자인 야당은 선거 운동을 제대로 할 수 없도록 선거 자금을 묶어버리고, 정부를 비판하는 야당 후보와 운동원은 모두 체포했어요.

박정희 정권은 전국 각지에 현금과 쌀, 밀가루, 막걸리와 고무신을 뇌물로 뿌렸어요. 돈으로 표를 사는 금권 선거가 판을 친 거예요. 지방에서는 공화당 운동원이나 공무원에게 여당 후보를 찍은 투표용지를 보인 후 투표함에 넣도록 하는가 하면,

야당 표를 무효표로 만드는 피아노 표(개표 도중 손가락에 인주를 묻힌 뒤 반대표에 마치 피아노를 연주하듯 문질러 만든 무효표), 빈대표(개표 종사자가 야당 표에 인주를 묻혀 만든 무효표)가 무더기로 나오는 경우도 많았어요. 어떤 지역에서는 괴한이 투표소에 난입해 여당을 찍은 투표용지를 투표함에 쏟아넣는가 하면, 개표할 때 야당 참관인을 쫓아내고 개표하는 부정을 저지르기도 했죠. 그 결과 공화당은 개헌이 가능한 의석수인 117석을 훌쩍 넘어 130석을 차지했어요.

이런 박정희 정권의 부정 선거는 야당과 학생, 국민의 반발을 불렀어요. 특히 학생들은 이번에도 중심에 서서 부정 선거 규탄 운동을 벌였죠. 학생들의 시위는 전국 각지에서 벌어졌어요. 시위에는 대학생뿐만 아니라 고등학생도 많이 참가했어요. 박정희 정권은 시위를 막기 위해 대학교와 고등학교에 휴업령을 발표해야 했습니다. 또 대규모 간첩 사건을 조작해 발표하는 것으로 반정부 시위를 잠재우려고 했어요. 여기에 북한이 연이어 일으킨 도발 사건이 박정희 정권에 도움이 되기도 했고요.

박정희 정권은 1968년 12월부터 #삼선 개헌을 위한 논의를 시작했어요. 개헌 논의가 본격화되자 1969년 6월부터 삼선 개헌에 반대하는 시위가 전국 각지에서 벌어졌습니다. 박정희 정권은 또다시 조기 방학이나 휴업으로 학교 문을 닫아 시위를 막았어요. 시위는 9월 개학 이후에도 계속됐어요. 하지만 결국 그해 9월, 삼선 개헌안을 불법적으로 날치기 통과시켰습니다.

1971년 4월에 있었던 대통령 선거에서 박정희는 또다시 대통령에 당선됐습니다. 야당인 신민당의 김대중 후보는 선전했지만, 박정희 정권의 관권과 금권을 총동원한 부정 선거로 박정희의 재집권을 막는 데 실패했습니다. 이 선거에서 박정희는 영남에서 몰표에 가까운 표를 받았어요. 김대중 후보가 호남 출신인 점을 이용해 호남에 대한 지역 감정을 부추겨 몰표를 얻은 것이에요. 호남에 대한 지역 차별은 이때부터 시작된 것으로, 아직도 완전히 사라지지 않고 남아 있죠. 요즘도 선거가 벌어지면 국민의 편을 일부러 갈라서 표를 얻으려고 하는 사람들이 있는데, 이런 행위야말로 민주주의를 좀먹는 행위라는 걸 잊으면 안 됩니다.

다행히 한 달 뒤에 벌어진 국회 의원 선거에서는 관권과 금권이 판을 치는 부정 선거 속에서도 신민당이 204석 가운데 89석을 얻어 개헌선을 막고 공화당을 견제할 수 있게 됐어요. 하지만 박정희의 권력욕은 끝이 없었다는 점이 문제였어요.

또 한 번의 쿠데타

1972년 10월 17일, 박정희는 다시 한번 군대를 동원해 비상계엄을 선포하고 헌법을 정지시켰어요. 바로 '유신(낡은 제도를 고쳐 새롭게 함) 쿠데타'였어요. 비상계엄령을 선포한 박정희의 비상조치는 헌법을 넘어서는 내용을 담고 있었어요. 헌법은 '국가 통치와 국민의 기본권을 보장하는 근본적인 규범'이라는 절대성을 지니고 있기에 한 나라의 수장이라 하더라도 개인이 마음대로 손댈 수 없어요. 그런데 유신 쿠데타를 통해 박정희는 비상 국무 회의가 헌법의 기능을 대신한다고 선언해 버렸죠. 더구나 박정희는 현재의 헌법이 평화 통일과 남북 대화를 뒷받침할 수 없으므로 통일을 위해 헌법을 정지했다고 밝혔어요.

하지만 통일은 그가 내세운 명분일 뿐, 사실은 당시의 헌법으로는 권력을 계속 유지할 수 없었기 때문에 헌법을 멈춘 것이었어요. 박정희는 비상 국무 회의의 의결과 국민 투표를 통해 #유신 헌법이라는 새로운 헌법을 통과시켰어요.

유신 헌법은 '통일 주체 국민 회의'라는 기관에서 간접 선거로 대통령을 뽑도록 했어요. 대통령의 임기는 6년이었고, 거듭해서 대통령에 뽑히기만 한다면 영원히 계속해서 대통령을 할 수 있었죠. 대통령은 국회 의원 1/3을 임명할 수 있었고, 국회 해산권, 법률안 거부권, 긴급 조치권, 대법원장과 법관의 임명권 등 막대한 권한을 가졌어요. 민주주의의 중요한 원리인 삼권 분립의 원칙을 완전히 무너뜨리고 대통령이 모든 권력을 독점할 수 있도록 한 거예요.

그해 12월, 박정희는 통일 주체 국민 회의의 간접 선거를 통해 99.9%의 표를 얻어 대통령에 당선됐어요. 간접 선거가 장충 체육관에서 진행되었기 때문에 박정희 정권에 비판적이었던 사람들은 흔히 박정희를 일러 '체육관 대통령'이라고 비하했죠. 1973년 2월에 있었던 국회 의원 선거에서는 대통령이 선출한 유신 정우회 의원을 포함하여 공화당이 2/3의 의석을 차지했어요.

중앙 정보부는 1973년 8월 일본 도쿄에서 박정희의 최대 정적이었던 김대중을 납치하는 사건을 벌였어요. 이들은 김대중을 납치해 쥐도 새도 모르게 제거하려다 미국 정부의 개입으로 실패했죠. 이 사건으로 반유신 투쟁이 본격화됐습니다. 그해 10월부터 학생들의 시위가 다시 시작되고, 재야 정치인은 헌법 개정 운동을 벌였죠.

박정희는 긴급 조치 1, 2호를 발표해 반유신 운동을 탄압했어요. 유신 헌법에 반대하는 사람은 영장 없이 구속해 15년 이하의 징역에 처하도록 한 거예요. 1974년 4월에는 긴급 조치 4호를 발표했는데, 이는 데모 주모자에게 최고 사형까지 내리고, 대학 폐쇄도 가능하게 하는 법이었어요. 중앙 정보부는 학생들을 탄압하기 위해 다시 한번 대규모 조직 사건을 조작했어요. '민청학련 사건'과 '인민 혁명당 재건 위원회 사건'이 대표적이었습니다. 특히 박정희 정권은 두 사건에서 사형 선고를 받은 8명에게 사형 확정 다음 날 바로 사형을 집행했어요. 박정희 독재 정권이 저지른 대표적인 사법 살인 사건이자 인권 탄압 사건이었습니다.

그러나 반유신 투쟁은 사그라들지 않았어요. 학생들에 이어 종교인과 언론인이 투쟁 대열에 나섰습니다. 앞서 소개한《동아일보》의 백지 광고 사태도 이때 있었던 일이에요.《동아일보》기자들이 언론 자유 수호 투쟁에 나서자, 중앙 정보부가 각 기업에게 압력을 넣어 광고를 싣지 못하게 해서 벌어진 일이었죠. 하지만 기업 광고가 빠져나간 지면을 채운 건 평범한 국민이었어요. 일종의 임계점이라고 할까요. 참고 참았지만 도저히 참을 수 없는 지점에 다다른 우리 국민들이 위험을 무릅쓰고 행동하기 시작한 것이었어요.

이웃 나라 일본에서는 왜 대규모 집회·시위가 벌어지지 않을까?

이번에는 이웃 나라 일본의 민주주의에 대해서 알아볼게요. 일본은 우리나라와 참 비슷한 것 같으면서도 많이 달라요. 여야 정당 간 정권 교체가 거의 일어나지 않는다는 점도 그렇지만 특히 대규모 집회·시위를 찾아보기 힘들다는 점이 우리나라의 민주주의와 가장 큰 차이점이에요. 그 이유가 뭘까요?

일본이 처음부터 대규모 집회·시위가 없었던 것은 아니에요. 1960년대에는 대규모 집회와 시위가 아주 활발하게 벌어졌거든요. 1960년 '안보 투쟁'과 1968년 '전공투 운동'이 대표적인 사례에요.

먼저 '안보 투쟁'부터 살펴볼게요. 태평양 전쟁 패전 후 미국은 일본을 점령하고 우리나라와 마찬가지로 미군정을 수립했어요. 그리고 '전쟁 포기 규정' 등을 포함한 평화 헌법을 도입해 더 이상 전쟁을 할 수 없는 나라로 만들었죠. 그런데 중국이 공산화되고, 우리나라에서 6·25 전쟁이 벌어지자 미국은 미일 안전 보장 조약을 체결해 일본을 아시아의 반공 기지로 만들었어요. 이로 인해 일본에는 '자위대'라는 준군사 조직이 만들어졌죠. 일본이 또다시 군대를 갖게 된 거예요.

태평양 전쟁으로 많은 피해를 입었던 일본 국민은 일본이 전쟁이 가능한 나라가 되는 것을 원치 않았어요. 그래서 1960년 1월 미일 안전 보장 조약이 개정되자 시민과 학생들이 대규모 집회와 시위를 통해 조약 개정 반대 운동을 벌였죠. 이것이 바로 '안보 투쟁'이에요.

그럼 '전공투(전학공투회의) 운동'은 어떤 걸까요? 전공투 운동은 대학의 부정부패와 권위주의적인 대학 시스템에 반대하는 학생 운동에서 시작됐어요. 이것은 얼마 후 베트남 전쟁 반대 운동으로 확대되었죠. 베트남 전쟁은 사회주의 지도자 호찌민을 필두로 한 북베트남 세력과 이에 맞선 미국, 남베트남 세력의 충돌을 말해요. 그런데 일본 정부가 미국의 베트남 전쟁을 아무런 비판도 없이 도와주자 이에 분노한 일본 학생들이 반대 운동을 벌인 거예요. 이후 전공투 운동은 자본주의 체제의 모순을 비판하기에 이릅니다. 이때부터 대학이 자본주의 체제를 떠받치는 중요한 한 축이라는 사실을 깨닫고 '대학 해체'를 주장하기에 이르렀죠.

문제는 전공투 운동이 극단적인 논리와 폭력적인 투쟁 방식을 가지고 있었다는 점이에요. 학생들은 헬멧과 각목으로 무장하고 돌이나 화염병을 던지며 싸웠어요. 처음에는 경찰의 폭력적인 진압에 맞서기 위한 어쩔 수 없는 선택이었지만, 날이 갈수록 그 정도가 심해졌습니다. 특히 학생들은 여러 정치 세력으로 나뉘어 대립하기도 했는데, 자신과 생각이 다르다는 이유로 상대편 학생들에게 폭력을 휘두르기도 했습니다. 1969년에는 사망자가 나올 정도였죠.

이후 학생 운동과 좌파 세력의 운동은 점점 더 극단으로 치달았어요. 총기를 강탈하고 폭탄을 만들어 무장 투쟁에 나서는가 하면, 내부에서의 폭력 사건도 끊이지 않았죠. 2000년대까지 어림잡아 사망자 113명, 부상자 4600명이 나올 정도라고 하니 상황이 얼마나 심각했는지 알 수 있겠죠?

자, 이제 일본에서 왜 대규모 집회와 시위가 좀처럼 보기 힘들어졌는지 알겠나요? 맞아요. 1960년대 이후에 있었던 학생 운동과 좌파의 운동에서 폭력적인 사태가 계속되면서 그들의 운동이 일반 대중의 외면을 받게 되었던 거예요. 그래서 점차 집회와 시위가 사라지게 된 것입니다.

선거를 통한 간접 민주주의로 이루어지는 현대 사회에서 집회와 시위는 시민의 의견을 표명할 수 있는 가장 중요한 수단이에요. 이런 좋은 수단을 계속 유지하기 위해서는 성숙한 집회와 시위 문화가 반드시 필요합니다.

4부

쓰레기 더미에서 민주주의 장미꽃이 활짝 피어나다

1979~현재

#14

대한민국 현대사의 가장 아픈, 5월 광주

12·12 군사 반란과 5·18 광주 민주화 운동

#서울의_봄 #신군부 #5·18_광주_민주화_운동 #군인의_총부리가_왜_민중을_향하나

"우리는 보았다. 사람이 개 끌리듯 끌려가 죽어가는 것을 두 눈으로 똑똑히 보았다. 그러나 신문에는 단 한 줄도 싣지 못했다. 이에 우리는 부끄러워 붓을 놓는다."

-전남매일신문 기자의 집단 사직서

군인의 총부리가 시민을 향해도 될까요? 대답이 필요 없는 어처구니없는 질문처럼 느껴지나요? 하지만 안타깝게도 이런 비극적인 일이 우리 민주주의 역사에 있었습니다. 시민을 공격하면서까지 그들이 얻고 싶었던 것은 뭘까요? 대체 무엇이 이 비극을 가져왔는지, 당시 어떤 일이 벌어졌는지 확인해 봅시다.

"계엄령을 해제하라!"

"김대중을 석방하라!"

1980년 5월 18일 전라남도 광주에 있는 전남 대학교 교문 앞에서 대학생 200여 명이 시위를 벌였어요. 바로 전날 전두환의 #신군부가 전국에 비상계엄령을 선포하며 김대중을 내란 혐의로 체포하자 이에 항의하는 시위였어요. 교문 앞에는 공수 부대 군인들이 지키고 서서 학생들이 들어가지 못하게 막았어요. 그들은 학생들에게 해산하라고 명령했습니다. 하지만 학생들이 말을 듣지 않자, 그들은 진압봉으로 학생들을 무자비하게 구타하며 진압했어요. #5·18 광주 민주화 운동의 시작이었습니다. 도대체 무슨 일이 있었기에 이런 일이 벌어진 걸까요? 이를 알기 위해서는 1970년대 말 박정희의 유신 독재 체제로 돌아가야 해요.

독재자 박정희의 최후

시간이 갈수록 박정희의 유신 독재 체제는 국민들의 광범위한 저항에 부딪혔어요. 박정희 정권은 긴급 조치 9호로 유신 체제

반대 운동을 꽁꽁 막았지만, 대학생들이 체포를 두려워하지 않고 끊임없이 시위를 벌인 데다 정치인이나 재야 인사, 종교인이나 언론인까지 적극적으로 반독재 투쟁에 나섰거든요.

1978년 12월, 박정희는 장충 체육관에서 있었던 통일 주체 국민 회의 선거로 99.9%의 표를 받고 다시 한번 대통령에 당선되었지만, 국민들이 직접 뽑는 국회 의원 선거에서는 야당이 공화당보다 더 많은 표를 얻었어요. 여기에 제2차 석유 파동으로 인해 경제가 큰 타격을 받으면서 박정희 정권은 더욱더 위기에 몰렸습니다.

게다가 박정희 정권은 1979년 8월 신민당 당사에서 벌어진 YH 무역 여성 노동자들의 농성을 강제로 해산했다가 국민의 큰 반발을 사고 말았어요. 강제 해산 과정에서 여성 노동자 한 명이 옥상에서 떨어져 숨지고, 신민당 국회 의원과 기자들이 크게 다치는 일이 벌어졌거든요. 하지만 박정희 정권은 여기서 멈추지 않았어요. 정권을 비판한 신민당 총재 김영삼을 직무 정지시키고, 의원직까지 빼앗아 버린 거예요.

그러자 10월 중순부터 부산과 마산에서 대규모 시위가 벌어지기 시작했어요. 김영삼의 정치적 고향이라고 여겨졌던 경상남도를 대표하는 두 도시에서 벌어진 시위였죠. 우리는 이 사건을 흔히 '부·마 민주화 운동'이라고 불러요. 부·마 민주화 운동은 김영삼의 의원직 제명에서 시작됐지만, 박정희의 유신 독재와 경제 위기에 대한 불만이 종합적으로 영향을 미친 사건이었어요.

그런데 부·마 민주화 운동이 대구로 옮겨 갈 조짐이 보이던 즈음, 박정희 정권 내부에서 갈등이 발생했어요. 시민들의 민주화 운동에 대한 진압 방법을 두고 군대가 발포를 해서라도 막아야 한다고 주장했던 박정희와 온건한 대응을 원했던 김재규 중앙 정보부장 사이의 갈등이었죠. 김재규는 대규모 유혈 사태를 막아야 한다는 생각으로 10월 26일, 술자리에서 박정희를 총으로 살해했어요.

짧았던 서울의 봄과 12·12 군사 반란

김재규는 자신을 중심으로 새로운 정권을 세우려고 했어요. 하지만 함께할 세력을 찾지 못해 실패하고 말았죠. 다음 날 새벽, 제주도를 제외한 전국에 비상계엄이 선포됐어요. 국무총리 최규하가 대통령 권한 대행을 맡고, 정승화 육군 참모 총장이 계엄 사령관이 되어 사태를 수습했죠.

박정희가 사망하면서 대한민국은 안개 속에 휩싸였습니다. 그러나 개헌이 예상되었고, 긴급 조치 9호가 철폐되면서, 민주화에 대한 기대는 어느 때보다 높아졌죠. 김영삼과 김대중 등 대표적인 야당 정치인들은 다시 정치 활동을 재개했어요. 유신 정부 시절 정당이나 조직에 들어가지 못하고 있던 정치 세력은 민주화를 위해 활발히 활동했고, 학생들은 학원 민주화 운동을 통해 각 학교에 학생회 조직을 부활시켰죠. 전국에 민주화의 바람이 불었고, 그 바람은 이듬해인 1980년 5월까지 이어졌어요. 우리는 이때를 #'서울의 봄'이라고 불러요.

하지만 역사는 대다수 사람들이 원하는 대로 흘러가지 않았어요. 박정희가 세운 유신 체제를 유지한 상태로 권력을 찬탈하고자 한 세력이 있었거든요. 바로 전두환·노태우를 중심으로 한 군부 내 '하나회' 세력이었습니다. 하나회는 영남 출신 육사 11기를 중심으로 한 세력입니다. 박정희가 충성스러운 부하를 확보하려고 온갖 특혜를 주며 키워온 군대 내 사조직이었죠. 하나회는 나라의 이익을 우선하는 것이 아니라, 철저히 자기 조직의 이익을 우선시했어요. 그만큼 군대 내 사조직은 폐단이 심했습니다. 그래서 민주화가 이루어지면 제일 먼저 제거될 가능성이 높았어요.

위기감을 느낀 전두환과 노태우는 반란을 일으켰어요. 1979년 12월 12일, 불법적으로 군대를 동원해 정승화 계엄 사령관을 체포하고 군부 내 실권을 장악했죠. 이들을 박정희의 군부 세력과 구분하여 '신군부'라고 불러요. 군사 반란이 벌어지자 미국 정부는 처음에는 우려를 표했지만, 이내 신군부를 용인했어요. 미국에게 중요한 것은 한국의 민주화가 아니라 한국의 안정이었던 거예요.

전두환·노태우의 신군부는 군부 내 권력을 장악한 후에도 오랫동안 자신의 권력을 세상에 드러내지 않았어요. 곧바로 자기 모습을 드러내고 세상의 모든 권력을 차지하기에는 너무 명분이 없었던 거죠. 신군부는 공수 부대와 후방 주요 부대에 시위 진압 훈련을 시키며, 정권을 장악할 기회를 엿보았어요. 학생들의 민주화 시위가 벌어지면 이를 명분으로 군대를 투입해 정권을 장악할 계획이었죠.

'서울의 봄'에 나타난 민주화의 바람은 너무 불안했어요. 국민의 힘으로 얻어낸 것이 아니라 박정희의 피살 이후 권력의 공백기에 얻어진 것이어서 그 결과가 어떻게 될지 전혀 알 수 없었기 때문이에요. 1980년 5월 중순, 학생들이 비상계엄의 해제를 요구하고 나섰어요. 국회도 계엄 해제를 논의하기로 했죠. 군부가 쿠데타를 일으킬까 봐 시위를 자제하고 있던 전국의 대학생들은 자신의 의견을 알리기 위해 시위에 나섰어요. 학생들은 5월 13일부터 15일까지 계엄 해제와 조기 개헌을 요구하는 시위를 벌였어요. 그리고 5월 16일, 논의 끝에 시위를 끝내고 학교로 돌아갈 것을 결정했죠. 하지만 신군부는 학생 시위를 꼬투리 잡아 자신들이 원하는 그림을 그려나가기 시작했어요.

신군부의 희생양이 된 광주

전두환·노태우 신군부는 5월 17일 군 지휘관 회의를 소집해 비상계엄을 전국으로 확대한다고 결의했어요. 또다시 군부가 정부를 무력화하고 정부의 권한을 장악한 거예요. 이들은 국회를 봉쇄하고 정치인의 정치 활동을 모두 정지시켰어요. 또한 언론·출판·방송을 사전 검열하고 전국 대학의 휴교를 발표했죠. 대한민국의 전권을 차지하기 위한 신군부의 쿠데타가 벌어진 거예요. '5·17 쿠데타'였어요.

신군부는 김대중을 사람들을 선동해 공공질서를 어지럽혔다는 이유로, 김종필을 부정한 방법으로 재산을 축적했다는 혐의로 체포했어요. 그리고 학생과 민주 인사 2700명도 구속했습니다. 신군부의 정권 장악에 반대할 인사들을 미리 검거해 반대 움직임을 사전에 모두 봉쇄한 거예요. 또 전국 92개 대학에는 공수 부대와 해병대 등 군부대를 파견해 학생들의 반대 운동을 가로막고자 했어요. 대부분의 지역은 그들이 원하는 대로 됐어요. 하지만 한 곳은 그렇지 않았습니다. 전라남도 광주에서 5·17 쿠데타에 반대하는 시위가 벌어진 거예요.

최초의 시위는 5월 18일, 전남 대학교 앞에서 일어났어요. 이후 학생들은 시내로 진출해 시위를 벌였습니다. 이때만 해도 시위대는 800여 명에 불과해 경찰력만으로 충분히 진압이 가능한 상황이었어요. 그런데 다른 지역에서 파견된 공수 부대가 군이 시위 진압에 투입됐어요. 공수 부대원들은 곤봉이나 총 개머리판으로 무자비한 폭력을 행사했어요. 이들은 시위자를 잡기 위해 가정집까지 추격하기 예사였고, 젊은 사람만 있으면 무조건 구타해 체포했습니다. 일부 부대원들은 대검까지 마구잡이로 사용했어요.

공수 부대원이 이렇게 무자비한 폭력을 행사한 이유가 무엇일까요? 그것은 바로 전두환·노태우 신군부가 광주의 저항을 압도적인 폭력으로 진압해, 그 어느 누구도 자신들의 집권에 반대하지 못하도록 만들고자 했기 때문이었어요. 안타깝게도 광주는 이를 위한 희생양으로 선택되었던 거예요.

진정한 민주 정부를 수립하라

공수 부대의 과잉 폭력 진압은 결국 사망자를 낳고 말았어요. 최초의 희생자는 듣지도 말하지도 못하는 장애인 김경철이었어요. 그는 친척을 배웅하고 돌아오다 여러 공수 부대원에게 붙잡혀 온몸을 두들겨 맞고 뇌출혈로 사망했어요. 그는 백일이 막 지난 아이를 둔 평범한 가장이었지만 군인들의 폭력에 안타깝게 희생되고 말았습니다.

공수 부대원들의 과잉 진압은 광주 시민과 학생들의 분노를 불렀어요. 시위는 날이 갈수록 확대됐습니다. 군인들의 진압은 점점 더 잔인해져 총까지 사용할 정도였어요. 하지만 시민들의 시위는 잦아들기는커녕 점점 더 커졌어요. 분노가 두려움을 이겼던 것입니다. 21일 아침 광주역 부근에서 대검과 총에 의해 희생된 두 구의 시신이 발견되면서 또 한 번 광주 시민의 가슴에 불을 지폈어요. 이날 거리에는 10만여 명의 시민이 모여들었어요. 시민들은 공수 부대의 철수, 정부의 과잉 진압 인정과 사과를 요구했죠. 그러나 군인들의 답변은 집단 발포였어요. 이날 얼마나 많은 시민이 죽고 다쳤는지 지금도 정확히 알지 못해요. 최소 54명이 죽고, 500명 이상이 다쳤다고 추측할 뿐입니다.

시민들의 거센 저항에 공수 부대는 광주 외곽으로 철수할 수밖에 없었어요. 이때부터 시민들은 무기고를 습격해 스스로 무장하기 시작했어요. 경찰과 군인이 시민을 보호하지 않고 공격하니, 직접 시민군을 만들어 자기 자신을 지키고자 한 거예요. 공권력이 사라진 후에도 광주의 시민들은 놀라울 정도로 질서를 잘 유지했어요. 하지만 계엄군은 자기들끼리 오인 사격을 일으켜 많은 인명을 희생시키기도 하고, 주변 마을에 총을 난사해 주민을 살해하기도 했어요.

광주의 시민과 학생들은 수습 대책 위원회를 만들어 계엄군과 협상에 나섰어요. 하지만 협상은 잘되지 않았어요. 계엄군이 자기 잘못을 전혀 인정하지 않았기 때문이에요. 신군부는 미군과의 협의를 마치고 대규모 병력을 동원해 무력 진압을 할 생각이었어요. 5월 26일, 계엄군은 탱크를 앞세우고 나타나 이날 자정까지 모든 무기를 버리고 전남도청을 비우라고 요구했어요. 무조건 항복하라는 최후통첩이었죠.

계엄군의 무력 진압이 임박했다는 사실이 알려지자 항쟁 지도부는 시민 궐기 대회를 열어 결의문을 발표했어요. '살인마 전두환을 처단하라. 민주 인사를 석방하라. 광주 의거를 허위 조작, 왜곡 보도하지 말라. 진정한 민주 정부를 수립하라'는 내용이었어요. 그리고 이들은 마지막으로 이렇게 결의했어요. 자신들의 요구가 받아들여질 때까지, '최후의 일각까지, 최후의 일인까지' 남아 싸우겠다는 것이었죠. 그날 밤, 전남도청에는 150여 명의 시민과 학생이 끝까지 함께했어요. 이들 중에는 총기를 다룰 줄 모르는 대학생과 고등학생, 여성도 포함되어 있었습니다.

진실은 결코 숨겨지지 않는다

5월 27일 자정, 계엄군은 대규모 병력을 동원해 '상무 충정 작전'으로 명명된 무력 진압 작전을 시작했어요. 계엄군이 도청을 점령하는 데에는 그리 오랜 시간이 걸리지 않았어요. 이것으로 전두환·노태우 신군부의 쿠데타에 맞서 싸웠던 광주 시민의 항쟁은 10일 만에 막을 내렸어요. 우리는 이것을 '5·18 민주화 운동'이라고 불러요.

하지만 신군부는 광주 시민들의 저항을 '국가의 헌법을 문란하게 한 내란'으로 규정하고 가혹하게 처벌했어요. 실제로는 전두환·노태우 신군부가 내란을 일으키고, 광주 시민들은 이에 저항한 것이었지만, 오히려 광주 시민들이 내란을 일으킨 죄인으로 처벌을 받았던 것입니다.

광주 시민의 항쟁을 진압한 후 전두환·노태우 신군부는 광주의 진상을 오랫동안 왜곡하고 은폐했어요. 하지만 그렇다고 진실이 숨겨졌을까요? 맞아요. 진실은 숨긴다고 결코 감춰지는 것이 아니었어요. 전두환·노태우 신군부가 저지른 죄는 사람들 사이에서 은밀히 퍼져 나가 결국은 그들의 뒷덜미를 붙잡았습니다.

15

수사관이 책상을 '탁' 치니 '억' 하고 쓰러지더랍니다

전두환과 6월 민주 항쟁

#전두환 #박종철_고문_치사_사건 #6월_민주_항쟁 #직선제_개헌_놓치지_않을_거예요

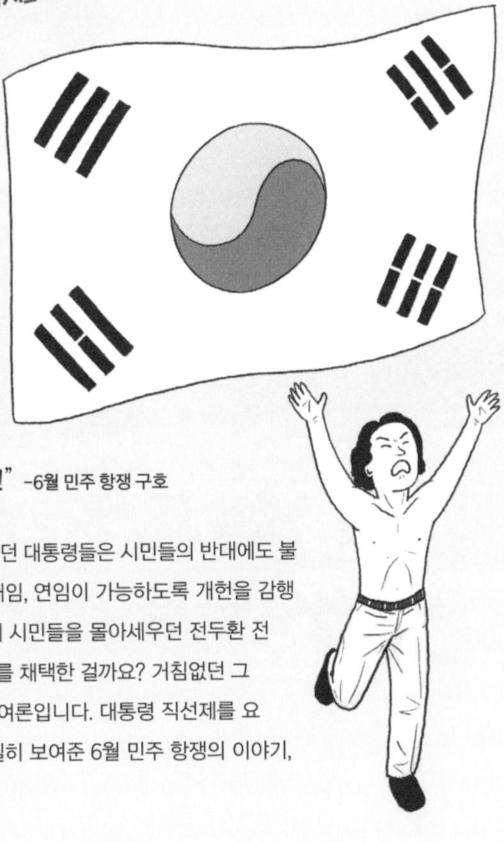

"호헌 철폐, 독재 타도!" -6월 민주 항쟁 구호

이전의 장기 집권을 꿈꿨던 대통령들은 시민들의 반대에도 불구하고 모두 대통령직 재임, 연임이 가능하도록 개헌을 감행했죠. 그런데 무자비하게 시민들을 몰아세우던 전두환 전 대통령은 왜 7년 단임제를 채택한 걸까요? 거침없던 그도 무서워했던 것, 바로 여론입니다. 대통령 직선제를 요구하며 민중의 힘을 여실히 보여준 6월 민주 항쟁의 이야기, 함께 살펴봅시다.

"흥분한 수사관이 책상을 '탁!' 하고 치니, '억!' 하고 쓰러지더랍니다."

1987년 1월, 서울 대학교 학생 박종철이 치안 본부 남영동 대공분실에서 고문을 받다가 숨지는 사건이 발생했어요. 아무 죄 없는 학생이 경찰에 붙잡혀 가 수배 중인 친구가 어디 있는지 말하라고 강압적인 수사를 받다가 벌어진 사건이었죠. 수많은 국민은 분노했어요. 특히 자식이 있는 부모라면 더욱 분노했고요. 언제라도 우리 자식이 당할 수 있는 상황이었기 때문이에요.

#박종철 고문 치사 사건의 책임자 박처원 치안감은 책상을 '탁!' 치니 '억!' 하고 죽었다는 말도 안 되는 변명을 했다가 국민들의 분노를 더 일으켰어요. 더구나 #전두환 정권은 사건을 축소·조작하려고 했다가 들통이 나, 스스로 위기를 자초했죠. 결국 이 사건은 #'6월 민주 항쟁'이 일어나는 중요한 계기가 되었습니다. 도대체 전두환 정권이 어떻게 했기에 이런 일이 벌어진 걸까요?

독재자 전두환

광주 시민의 항쟁을 무력으로 진압한 전두환 신군부는 국가 보위 비상 대책 위원회(국보위)를 설치하고 국가 권력을 장악해 철권 통치를 휘둘렀어요. 신군부는 김대중이 광주 사람들을 선동하고 봉기를 일으켜 정권을 잡으려 했다고 조작해 김대중을 비롯한 많은 민주 인사들을 체포했어요. 또 다수의 대학 교수와 언론인을 해직하고, 학생을 제적하는 등 반대 세력을 탄압했죠. 언론 기관을 통폐합하고, 많은 정기 간행물을 없애 국민들의 귀와 입을 막기도 했고요.

1980년 8월, 전두환은 유신 헌법에 의거해 대통령 자리에 올라 자신에게 권력을 집중시켰어요. 그런 다음 헌법을 뜯어고치고 기존에 있던 국회를 해산한 후, '국가 보위 입법 회의'라는 기관을 만들었죠. 국회를 대신해 자기들 마음대로 법률을 만들어내기 위해서였어요. 이들은 국가 보안법을 강화하고, 언론을 통제하기 위한 법도 만들었어요.

혹시 '땡전 뉴스'라고 들어보셨나요? 당시에는 저녁 9시를 알리는 시보와 함께 9시 뉴스를 시작했는데, 9시를 알리는 '땡' 소리와 함께 "오늘 전두환 대통령 각하께서는"으로 시작하는 뉴스를 했다고 해서 생긴 말이에요. 아무리 중요한 뉴스가 있어도 전두환의 뉴스가 제일 먼저 나오는 것을 비꼰 말이죠. 그만큼 전두환 신군부가 언론을 철저히 통제했고, 언론도 그 통제에 길들여져 완전히 전두환 정권의 선전 도구로 전락하고 말았던 것입니다. 당시 대부분의 언론은 전두환 미화 작업에 적극적으로 나섰어요. 《조선일보》는 "전두환 대통령의 취임은 새 시대 역사의 개막"이라고 찬양하기도 했죠.

전두환 신군부는 노동자의 권리를 제한하기 위해 노동 관련 법령도 마음대로 뜯어고쳤어요. 또 형량을 모두 채운 수감자를 다시 감옥에 가둘 수 있는 법까지 만들어 인권을 유린했습니다. 인권 유린의 정점은 '삼청 교육대'였어요. 불량배를 없애겠다며 체포 영장도 없이 6만여 명을 붙잡아 군부대에서 고된 육체 훈련을 시킨 거예요. 붙잡힌 사람 중에는 학생과 여성도 포함되어 있었고, 그중 35%는 전과도 없는 사람들이었어요. 재판도 없이 죄인이 되어 강제 훈련과 노역을 당해야 했던 거죠. 어찌나 훈련이 가혹했던지 사망자가 54명에 이르기도 했습니다.

전두환은 1981년 2월, 새 헌법에 따라 대통령 선거인단의 간접 선거로 7년 단임의 대통령이 됐어요. 3월에는 국회 의원 선거를 했는데, 기존 정치인의 정치 활동을 금지한 상태였기 때문에 사실상 선거는 하나 마나였죠. 더구나 전두환 정권은 보안사를 통해 민주 정의당이라는 여당뿐 아니라 민주 한국당과 한국 국민당이라는 야당까지 억지로 만들어냈어요. 결국 국회는 전부 전두환 세력으로 채워지고 말았어요.

이렇게 전두환은 온갖 방법으로 민주주의를 유린하며 박정희가 그랬듯이, 행정부와 국회, 사법부를 좌지우지할 수 있는 무소불위의 권력을 갖게 됐어요. 하지만 그런데도 전두환은 왜 재선이 불가능한 7년 단임제를 내세울 수밖에 없었던 걸까요? 이승만과 박정희의 연이은 장기 집권으로 국민의 여론이 좋지 않았기 때문이에요. 그렇게 막강한 권력을 가졌던 그들이 국민의 여론을 의식하는 걸 보면, 우리가 정치와 사회 현상을 두고 내는 목소리에도 힘이 있다는 걸 알 수 있겠죠?

전두환 정권은 '정의 사회 구현'을 외치며 자신들이 사회 정화를 위한 세력인 것처럼 가장했어요. 하지만 얼마 지나지 않아 각종 부정·부패 사건을 일으켰어요. 이철희·장영자 사기 사건이 대표적인 사례였는데, 이 사건에는 전두환의 친인척이 직접 연관되어 있었죠. 후일 밝혀지지만, 전두환이 기업을 압박해 정치 자금을 거뒀는데, 그 금액이 1조 원에 가까운 것으로 추정됩니다.

전두환 정권이 저지른 일 가운데 가장 어이없는 일은 북한의 위협을 과장해 온 국민에게 성금을 모았던 '평화의 댐 사건'이에요. 자기는 뒤로 1조 원에 가까운 돈을 모았으면서, 서울이 물에 잠길지도 모른다고 국민에게 거짓말을 해, 초등학생들의 코 묻은 돈까지 거뒀던 거예요.

철권 통치에 맞선 국민들

전두환의 철권 통치 속에서도 국민의 저항은 계속됐어요. 특히 대학생의 시위는 멈추지 않았습니다. 그 힘은 5·18 민주화 운동에서 나왔어요. 전두환 정권의 왜곡과 은폐 속에서도 많은 사람이 광주의 진실을 알리려고 노력했거든요.

그 과정에서 학생들은 점점 이념화되고, 반미 성향을 띄기 시작했습니다. 광주에서 있었던 전두환 신군부의 유혈 진압에 미국의 책임이 명백히 있었기 때문이에요. 국군의 작전권이 미국에게 있는 상황에서, 미국의 허락 없이 신군부가 시위 진압에 군대를 동원하는 건 사실상 불가능한 일이었거든요.

더구나 미국은 유혈 진압이 벌어질 때 전혀 말리지 않았고, 오히려 전두환 신군부의 권력 장악을 지지했죠. 미국의 모습에 학생들은 분노할 수밖에 없었어요. 영원한 우방으로 생각했던 미국이 독재자 전두환의 편만 들었으니까요.

전두환은 철권 통치를 휘둘렀지만, 억압만으로는 통치할 수 없었어요. 강하게 억압할수록 국민도 더 강하게 저항했으니까요. 그러자 전두환은 1945년 9월 미군 진주와 함께 시작된 통금을 해제하고, 대학 안에 상주하던 사복 경찰을 철수하는 등 유화적인 정책을 펼치기도 했어요.

그러나 대학생들은 그 분위기를 이용해 더 적극적으로 전두환 정권에 맞섰고, 노동자와 힘을 합치고자 노력했어요. 또 수천 명의 학생이 공장에 들어가 노동 운동을 전개하기도 했어요. 학교를 졸업하고 사회에 진출한 청년들은 조직을 만들어 학생과 재야 단체를 연결하며 힘을 키웠어요. 이런 많은 이들의 노력과 희생이 이 땅에 민주주의를 실현하는 데 큰 힘이 되었어요.

박종철 고문 치사 사건이 쏘아 올린 작은 공

1985년 2월에 있었던 국회 의원 선거는 대학생들의 노력 속에 새롭게 만들어진 야당인 신민당이 67석을 차지하는 파란을 일으켰어요. 여당에게 일방적으로 유리한 선거 제도 덕분에 민정당은 148석이나 차지할 수 있었지만, 득표율로 보면 야당이 크게 앞섰던 선거였거든요.

이를 바탕으로 1986년 2월, 야당은 대통령 선거 방법을 직선제로 바꾸자는 개헌 운동을 벌였어요. 여기에 학생과 노동자, 재야 인사들도 함께했죠. 그러자 위기를 느낀 전두환 정권은 강경히 탄압을 벌이기 시작했어요. 이 과정에서 벌어진 사건이 바로 앞에서 살펴봤던 '박종철 고문 치사 사건'이었습니다.

박종철 고문 치사 사건은 국민에게 큰 영향을 미쳤어요. 여기에는 언론의 영향이 컸어요. 20~30대 젊은 기자들은 전두환 정권과 언론사의 눈치를 보면서도 나름대로 열심히 진실을 보도했거든요. 그들도 대학생이던 시절이 있었고, 전두환 정권의 압력으로 진실을 그대로 보도하지 못하는 현실을 부끄러워하고 있었기 때문이에요. 권력의 회유와 협박에도 두려워하지 않고 각자의 자리에서 양심에 따라 최선을 다했던 사람들의 역할도 컸어요. 박종철의 시신을 부검했던 의사들이나 박종철의 하숙집 주인 아주머니가 그런 사람들이었어요. 이들이 사실을 숨기지 않고 자기가 본 대로 얘기해 주었기 때문에 이 사건이 묻히지 않았던 거예요.

박종철 고문 치사 사건에 항의하고자 학생과 재야 인사, 종교인, 야당이 한자리에 모였습니다. 이들은 2월 7일 서울, 부산, 광주 등 전국 주요 도시에서 국민 추도회를 열었어요. 3월 3일에는 '고문 추방 및 민주화를 위한 국민 평화 대행진' 집회를 전국 주요 도시에서 개최하기도 했죠.

'호헌 철폐, 독재 타도' 6월 민주 항쟁

1987년 4월 13일, 전두환은 현행 헌법으로 대통령을 선출해 다음 정권으로 권력을 넘기겠다고 발표했어요. 이를 '4·13 호헌 조치'라고 불러요. '호헌'이란 현행 헌법을 지킨다는 뜻이에요. 이 발표는 직선제 개헌을 바라왔던 국민에게 큰 실망을 안

겨줬어요. 그리고 또 한 번의 광범위한 반대 운동을 불러일으켰죠.

5월 18일에는 천주교 정의구현 전국 사제단에서 박종철 고문 치사 사건이 축소·조작되었다는 사실을 폭로해 세상을 깜짝 놀라게 했어요. 위기에 처한 전두환 정권은 내각을 대폭 개편해 여론을 무마하려고 했어요. 이때 장세동 안기부장 등 강경파가 물러나게 됐는데, 이 일은 6월 민주 항쟁이 성공하는 데 적지 않은 영향을 끼쳤어요.

이후 학생과 재야 세력, 종교인과 야당은 더욱더 힘을 하나로 합쳤어요. 그 결과 만들어진 것이 '민주 헌법 쟁취 국민 운동 본부'예요. 이들은 6월 10일 전국적으로 대규모 시위를 벌이기로 했어요. 고문 살인 은폐를 규탄하고 호헌 조치를 반대하기 위한 시위였습니다.

6월 9일 전국의 각 대학은 6월 10일 시위 참가를 결의하는 집회를 가졌어요. 그런데 연세 대학교에서 사건이 터지고 말았어요. 결의 대회를 마친 후 학생들이 줄지어 교문 앞에서 시위를 벌이는 도중, 경찰이 직격으로 쏜 최루탄에 이한열 학생이 뒷머리를 맞아 쓰러진 것입니다. 그는 의식을 잃고 쓰러져 한 달 가까이 사경을 헤매다 7월 5일 숨을 거두고 맙니다. 이 사건으로 온 국민은 걷잡을 수 없는 분노를 느꼈어요. 그리고 많은 학생과 시민을 거리로 나서게 만들었습니다.

6월 10일, 예정된 집회가 전국 22개 도시, 24만 명이 참여한 가운데 벌어졌어요. '호헌 철폐, 독재 타도'라는 구호가 전국 각지에 퍼져 나갔죠. 6월 10일 집회를 시작으로 전국에서 학생과 시민의 시위가 연이어 일어났어요. 특히 6월 10일 밤부터 15일까지 계속된 명동 성당에서의 농성 투쟁은 시위가 계속되는 데 큰 영향을 미쳤어요. 6월 15일 다시 한번 전국 주요 도시에서 호헌 철폐를 외치는 대규모 시위가 벌어졌고, 6월 18일 최루탄 추방 대회에는 전국 16개 도시에서 더 많은 학생과 시민이 나와 시위를 벌였어요. 그리고 6월 26일에는 전국 34개 도시와 4개 군에서 시위가 벌어지죠. 이것을 우리는 '6월 민주 항쟁'이라고 부릅니다.

전두환 정권은 경찰을 동원해 폭력적으로 시위를 진압했어요. 하지만 학생과 시민의 시위는 이제 경찰의 힘만으로는 도저히 막을 수 없는 지경에 이르렀습니다. 전두환 정권에게는 군대를 동원해 시위를 진압하는 방법이 있었어요. 그러나 전두환 정권은 군대를 동원하지 못해요. 1980년 광주에서의 경험이 그들의 발목을 잡았거든요. 더구나 88 서울 올림픽 준비가 한창이었고, 미국도 군대를 동원하는 걸 원치 않았습니다.

결국 전두환 정권에게 남은 방법은 국민의 요구를 받아들이는 것뿐이었어요. 그들은 '6·29 선언'을 통해 직선제 개헌을 수용하겠다고 발표합니다. 뿐만 아니라 김대중을 사면·복권하고, 민주화 운동과 관련하여 구속된 사람들을 석방하기로 했어요. 아울러 국민의 기본권을 강화하고 언론의 자유를 최대한 보장하기로 했고요. 사회 각 부문의 자치와 자율을 최대한 보장하고, 지방 자치와 교육 자치의 실시, 정당 활동의 보장도 약속했어요.

이것으로 우리 시민과 학생들은 4·19 혁명 이후 다시 한번 승리의 역사를 쓰게 됐어요. 그리고 오랜 독재를 끝내고 민주주의를 되찾게 되었죠. 이것은 무수히 많은 사람의 피와 헌신이 만들어낸 소중한 결과였습니다.

#16

대통령은 직접 선거로 뽑고 임기는 5년 단임으로 한다

민주 헌법의 탄생과 시민 사회

#노태우 #김영삼 #김대중 #평화적_정권_교체
#한국_민주주의는_발전_중

"오늘은 이 땅에서 처음으로
민주적 정권 교체가 실현되는
자랑스러운 날입니다."

-김대중 대통령의 취임사

대통령은 직선제, 임기는 5년 단임제. 행정부, 입법부, 사법부 삼권 분립으로 한다….전두환 정권 퇴진 이후, 합의를 통해 만든 민주 헌법의 내용이랍니다. 그런데 왠지 낯설지가 않다고요? 이때의 개헌안이 현재 우리나라가 따르고 있는 헌법이거든요. 하지만 민주 헌법이 탄생했다고 우리나라의 민주주의가 완성된 것은 아닙니다. 그 이후로도 많은 일이 있었거든요. 중요한 건 이 모든 역사를 통해 우리가 앞으로 만들어갈 성숙한 민주주의의 모습을 그려내는 것이겠죠?

"노동 조건을 개선하라!"

"민주 노조를 인정하라!"

6월 민주 항쟁 직후 노동자들의 투쟁이 폭발적으로 일어났어요. 독재 정권하에서 저임금·장시간 노동·강압적 노동 통제로 억압받아 온 노동자들이 스스로 일어나 임금 인상과 노동권 보장, 노조 설립 인정과 노조의 민주화, 강압적 노동 통제 철폐를 위해 싸웠죠. 이들의 싸움은 자신들이 일하는 공간에서 민주주의를 확보하기 위한 싸움이었어요.

싸움에 나선 것은 노동자뿐만이 아니었어요. 오랫동안 저곡가 정책에 희생되었던 농민들도 그들만의 민주 단체를 만들어 싸움에 나섰고, 언론인, 교사와 교수, 여성도 각각 자신의 영역에서 민주주의를 확보하기 위해 싸우기 시작했죠. 6월 민주 항쟁으로 얻은 민주화는 끝이 아니라 시작이었던 거예요.

중요한 것은 오랜 시간 동안 독재로 얼룩졌던 대한민국에서 어떻게 민주주의라는 나무를 잘 키우느냐 하는 것이었어요. 민주화 이후의 민주주의는 어떻게 진행되었을까요?

민주 헌법이 탄생했지만

6월 민주 항쟁의 승리로 우리는 드디어 민주주의를 되찾았어요. 그러나 승리는 완벽하지 않았습니다. 6월 민주 항쟁으로 전두환 정권 자체가 무너진 것이 아니었으니까요. 전두환 정권은 6·29 선언으로 대통령 직선제를 포함한 민주화 조치를 양보한 후, 선거를 통해 신군부의 집권을 연장하고자 했어요.

1987년 10월, 여야 국회 의원들이 합의하여 만든 개헌안이 통과됐어요. 대통령을 국민의 직접 선거로 뽑고, 임기는 5년 단임으로 하는 헌법안이었어요. 언론·출판·집회·결사 등 국민의 기본권을 강화하고, 노동자의 권리를 제대로 보장하는 헌법이었습니다. 대통령의 권한은 축소하고 의회와 사법부의 권한은 증대해 삼권의 견제와 균형을 도모했고요. 다시는 군이 쿠데타를 일으킬 수 없도록 군의 정치적 중립도 헌법안에 담았죠. 이것이 바로 오늘날 우리나라의 헌법이에요. 수많은 사람의 피와 땀이 없었다면 완성되지 못했을 소중한 헌법입니다.

헌법을 개정한 후, 그해 12월 대통령 선거가 있었어요. 6월 민주 항쟁의 승리를 지키고 민주주의를 제대로 이행하기 위해서는 이번 선거에서 신군부의 재집권을 막는 것이 무엇보다 중요했습니다. 문제는 김영삼과 김대중이 대통령 후보를 단일화하는 데 실패했다는 점이에요. 전두환 정권이 가장 바라던 것이었죠.

야당이 분열하자 재야 세력도 하나로 뭉치지 못했어요. 결국 대통령 선거에는 전두환 정부가 지지하는 #노태우 후보를 비롯해 #김영삼, #김대중, 김종필이 모두 후보로 나와 경쟁했어요. 선거는 박정희가 만들어낸 지역주의가 작동한 끝에 지독한 지역 분할 선거로 끝났어요. 4명의 후보가 모두 각자의 출신 지역에서 압도적인 지지를 받았습니다. 그 결과 노태우가 겨우 36.6%의 지지를 받고도 대통령에 당선됐어요. 결국 또 다시 신군부가 집권하면서, 우리의 민주주의는 다시 한번 힘든 길을 걷게 되었습니다.

국민의 뜻을 배반한 3당 합당

그나마 다행이었던 것은 이듬해인 1988년 4월에 치러진 국회의원 선거에서 야 3당이 여당인 민정당보다 더 많은 의석수를 차지했다는 점이에요. 대통령을 배출한 정당인 여당보다 야당이 큰 여소야대 상황이 만들어지면서 노태우 정권을 압박하며 민주주의 개혁을 주도해 나갈 수 있게 된 거죠.

야당은 과거 독재 정권하에서 만들어진 각종 악법을 폐지하거나 개정하는 작업을 활발하게 벌였어요. 특히 국민적 관심을 끈 것은 전두환 정권의 비리를 조사했던 '5공 비리 청문회'와

1980년 광주에서 전두환 신군부가 저지른 만행을 조사한 '광주 청문회'였어요. 청문회는 민주화를 촉진하는 데 큰 도움이 됐어요. 하지만 광주 청문회에서 발포 명령자에 대한 진상 규명이 끝까지 이루어지지 않았던 것에서 알 수 있듯이, 청문회는 사실과 진실을 밝혀내는 데 한계가 많았어요.

노태우 정권이 전두환 정권의 비리를 밝히는 데 협조했던 것은 야당과 여론의 압박도 있었지만 전두환 세력과의 갈등도 영향을 미쳤어요. 전두환이 국가 원로 자문 회의라는 기구를 만들어 퇴임 후에도 노태우 정권에 영향력을 발휘하려고 했거든요. 노태우는 전두환의 이러한 시도를 무력화하기 위해 전두환 정권의 비리 조사에 협조했던 거예요.

하지만 노태우 역시 신군부의 일부로서 전두환과 뿌리가 같았기에 전두환 정권을 너무 자세하게 조사하는 것은 자신의 뿌리를 캐내는 것과 같았어요. 따라서 노태우 정권은 의도적으로 '공안 정국'을 만들어 민주화 세력을 탄압해 전두환 정권에 대한 조사를 흐지부지하려고 했습니다.

1990년 1월 22일, 노태우와 김영삼, 김종필은 3당 합당을 발표했어요. 이것으로 순식간에 여소야대의 4당 체제가 무너지고, 민주 자유당(민자당)이라는 거대 여당이 만들어졌죠. 선거에서 제1 야당 자리를 빼앗기고 야당의 주도권을 김대중에게 내어주었던 김영삼이 권력을 위해 국민들의 민주화 열망을 배반한 거였어요. 안타깝게도 그것은 자기 평생의 삶을 부정하는 일이기도 했습니다.

3당 합당으로 국회의 다수를 차지한 노태우 정권은 노골적으로 강압적인 정책을 펼쳤어요. 각종 개혁 입법을 거부하거나 폐기했고, 여러 민주화 조치를 중단하거나 보류했죠. 학생 운동과 노동 운동에 대한 탄압이 다시 심해지면서 시위와 집회를 하다가 구속되는 사람들도 점점 늘어났고요. 검찰과 경찰을 앞세운 공안 통치가 다시 본격화된 거예요.

노태우 정권의 공안 통치는 무수히 많은 희생을 만들어냈어요. 1991년 4월 '백골단'이라고 부르던 경찰 사복 체포조가 당시 명지 대학교를 다니던 강경대 학생을 구타해 사망하게 만든 사건이 시작이었죠. 분노한 각지의 학생과 국민이 다시 거리를 메우기 시작했어요. 이 과정에서 성균관대 학생 김귀정은 경찰의 무리한 진압으로 질식사했고, 학생, 노동자, 빈민 등 11명이 분신(자기 몸을 스스로 불사름)했어요. 이것을 '1991년 5월 투쟁'이라고 부릅니다.

개혁은 계속됐지만

3당 합당은 일본의 자유 민주당(자민당)을 따라 한 것이었어요. 보수 세력이 하나로 뭉쳐 내각제로 개헌한 후, 일본처럼 다수당을 유지하며 정권을 계속해서 차지하겠다는 계획이었죠. 그러나 이는 처음부터 제대로 진행되지 않았어요. 김영삼은 내각제 개헌에 전혀 관심이 없었거든요.

하지만 거대 여당의 힘은 너무 커서 야당을 압도하며 각종 선거에서 승리를 거두었습니다. 선거 결과는 모두 극심한 지역주의가 작동한 결과로 나타났어요. 1992년 12월 치러진 대통령 선거에서도 마찬가지였죠. 김영삼은 김대중을 큰 표 차이로 따돌리고 대통령이 됐어요.

그나마 다행이었던 건 김영삼이 신군부 세력과 손잡고 정권을 잡았음에도 불구하고 과감한 개혁 정치를 보여줬다는 거예요. 신군부의 핵심인 하나회 소속 군인들을 숙정(부정을 엄격히 단속하여 바로잡음)하고, '금융 실명제'를 실시한 것이 그것이었죠. 특히 김영삼 정권은 역사 바로 세우기를 통해 12·12 군사 반란과 5·17 쿠데타 사건 관련자들을 처벌했어요. 이에 따라 전두환은 무기 징역에 추징금 2205억 원, 노태우는 징역 17년에 추징금 2268억 원을 선고받았습니다.

하지만 아쉬움도 있었어요. 역사 바로 세우기의 초점이 전두환, 노태우의 처벌에 맞춰져 있어, 박정희의 유신 독재에 대해서는 어떤 조사와 처벌도 이루어지지 않았고, 5·18 민주화 운동 과정에서 벌어진 학살과 12·12 군사 반란, 5·17 쿠데타에 대한 진실 규명도 제대로 되지 않았거든요. 전두환과 노태우가

1997년 12월 대통령 선거 직후 석방되고 만 것도 문제였어요. 처벌을 지속하지 못할 만큼 여전히 민주화 세력은 힘이 약했고, 신군부 세력은 힘이 강했던 거지요.

김영삼 정권은 후기로 갈수록 실정을 거듭했어요. 한보철강의 부도 사태가 결정적이었지요. 한보철강은 자본금의 몇 배나 되는 돈을 은행에서 빌려 제철소를 건설하다가 부도를 맞았는데, 이 모든 것이 기업과 정치권, 금융계가 얽힌 비리로 벌어진 일이었죠. 이 사건으로 김영삼 대통령의 아들 김현철이 구속되면서 김영삼 정권은 큰 타격을 받았어요. 이와 함께 한보철강의 부도로 시작된 대기업의 연쇄 부도와 금융 기관의 부실화는 최악의 외환 위기로 이어졌어요. 정부는 IMF에 긴급 구제 금융을 신청해야 했어요. 이에 따라 대량 실업과 구직난, 비정규직 속출로 대다수의 국민이 생존권을 위협받았죠. 하지만 일부 부유층은 고금리로 인해 더욱더 부를 축적해 양극화 현상이 극심해졌어요.

민주주의 발전을 위해서는

1997년 12월에 있었던 대통령 선거에서는 새천년국민회의 김대중 후보가 한나라당 이회창 후보를 근소한 차이로 따돌리고 승리했어요. 그가 이길 수 있었던 것은 호남으로 포위되어 있던 세력 구도를 자유민주연합 김종필과 손잡으면서 깨뜨릴 수 있었던 데다가, 이인제 후보가 경남 지방의 표를 분산시키면서 가능했어요. 또 심각한 경제 위기 속에서 치러진 선거였기 때문에 경제 위기를 야기한 여당을 이길 수 있었던 것이기도 했고요.

김대중 정권은 김종필의 보수적 세력과 함께해야 했기에 개혁을 실행하는 데 제약이 많았어요. 또한 IMF의 구제 금융을 받아야 했기에 그들의 요구에 따라 경제 구조를 재편해야 하기도 했죠. 포항제철이나 한국전력 등을 민영화하고, 외국 자본이 진출할 수 있도록 개방한 것도 이 때문이었어요. 하지만 4년 만에 IMF 구제 금융 체제를 끝내면서 우리나라는 선진국으로 도약할 수 있는 계기를 만들 수 있었어요.

또한 김대중 정권은 남북 관계를 크게 진전시켰어요. 2000년, 김대중 대통령은 평양에서 김정일 국방 위원장과 만나 남북 정상 회담을 가졌어요. 그리고 그 결과로 '6·15 남북 공동 성명'을 발표해 통일을 자주적으로 해결하기로 합의했죠. 이것은 한반도에 평화를 증진하고 통일을 진전시키는 데 큰 영향을 미쳤어요.

김대중 정권의 탄생과 성공은 우리나라의 민주주의 역사에서 큰 의미가 있어요. 김대중 정권이 역사상 처음으로 선거를 통해 #평화적으로 여·야 정권 교체를 이룬 정권이라는 점, 야당이 집권해도 충분히 안정적으로 나라를 다스릴 수 있음을 증명했다는 점이 그것이죠.

이후 우리나라 민주주의는 여·야 간 정권 교체를 거듭하면서 점점 더 안정화됐어요. 이제 우리나라에서 군부 쿠데타가 일어날 가능성은 거의 사라졌고요.

여기서 한 가지 우리가 기억해야 할 것이 있어요. 그것은 우리나라의 민주주의가 안정화되는 데 앞에서 얘기했던 것처럼 우리 사회를 구성하는 각 부문의 민주화가 큰 영향을 끼쳤다는 점이에요. 노동자, 농민, 여성, 언론, 종교, 문화 부문에서의 민주화가 그것이죠. 또한 정부의 활동을 감시하고 비판하는 시민운동이 크게 발전한 것도 우리나라 민주주의의 발전에 큰 도움을 주었어요. 하지만 민주주의 발전을 위해 가장 중요한 것은 무엇일까요? 그것은 바로 모든 시민이 민주주의를 소중하게 여기고, 열심히 가꿔나가야 한다는 것입니다.

한국의 민주화 운동이 전 세계에 영향을 미쳤다고?

우리나라의 민주화 운동이 세계 여러 나라의 민주주의 확산에도 큰 영향을 미치고 있다는 거 알고 있나요? 특히 2016~2017년 박근혜 대통령을 탄핵시킨 촛불 혁명 이후 한국의 민주화 운동은 홍콩, 태국, 미얀마 등에서 벌어진 민주화 운동에 상당한 영향을 미친 것으로 알려져 있어요. 그 중 홍콩의 사례를 한번 살펴볼게요.

홍콩은 19세기 영국이 난징 조약과 북경 조약을 통해 청나라로부터 통치할 권한을 얻어 지배하게 된 곳입니다. 그런데 1997년 기간이 만료됨에 따라 중국 정부에 통치권을 반환하게 되었죠. 문제는 중국과 홍콩의 정치·경제 시스템이 크게 달랐다는 점이에요. 이에 따라 정국에 혼란이 일어날 가능성이 높아지자 영국과 중국은 협상을 통해 앞으로 50년 동안 홍콩의 정치·경제 체제를 중국과 통합하지 않고 별도로 유지하기로 합의했어요. 홍콩은 홍콩 사람이 다스린다는 원칙으로, 중국이라는 하나의 나라에 두 개의 정치·경제 체제를 두기로 약속한 거예요.

하지만 중국이 점차 홍콩에 대한 통제를 강화하면서 문제가 생기기 시작했어요. 중국의 통치가 지속적으로 홍콩의 자유와 민주주의를 억압하는 방향으로 나아가면서, 홍콩 시민들의 광범위한 반발을 불러일으켰거든요. 문제는 홍콩의 정치 제도가 홍콩 시민들의 뜻을 제대로 반영할 수 없게 되어 있다는 점이었어요. 홍콩의 최고 지도자인 행정장관은 홍콩 시민이 직접 뽑는 것이 아니라 중국 정부가 임명하게 되어 있고요. 홍콩의 국회에 해당하는 입법회 의원은 홍콩 시민들이 전부 뽑는 것이 아니라 일부만 뽑을 수 있고 나머지는 간접 선거 방식이어서 언제나 중국 정부를 지지하는 의원들이 다수를 차지하게 되어 있거든요.

홍콩 시민의 불만이 쌓이던 중 2019년, 홍콩 시민의 분노가 폭발했습니다. 홍콩 당국이 '범죄인 송환법'을 개정하려고 했거든요. 홍콩 시민은 이 법안이 통과되면 중국 정부가 언제든지 자기들에게 비판적인 홍콩 시민을 마구잡이로 끌고 가 처벌하게 될 거라고 생각했어요. 이 법안이 없을 때에도 중국 정부는 2015년 홍콩 시민 5명을 불법적으로 중국으로 납치해 처벌한 적이 있었기 때문이에요.

홍콩 시민들은 2019년 3월 첫 시위를 시작으로 2020년까지 시위를 이어 나갔어요. 홍콩의 전체 인구 740만 명 가운데 200만 명이 참여할 정도로 대규모 시위가 연일 계속됐죠. 홍콩 시민들은 '범죄인 송환법'의 철회 외에도 홍콩의 민주화를 위해 행정 장관 직선제와 입법회 보통·평등 선거 실시 등 5개 조항을 요구하고 나섰습니다.

홍콩 당국은 무장 괴한들을 동원해 홍콩 시민들에게 테러를 가하는가 하면, 경찰을 동원해 지하철에 탄 시민들을 공격하며 폭력적으로 진압했어요. 2019년 11월에는 경찰이 시위에 참여한 10대 소년에게 총을 쏘아 전 세계의 분노를 샀어요. 연일 홍콩 시민들의 대규모 시위가 계속되자 홍콩 당국은 결국 '범죄인 송환법'의 개정을 중단할 수밖에 없었습니다.

흥미로운 것은 홍콩의 시민들이 집회 시위 도중에 한국의 민주화 운동을 대표하는 한국 노래를 부르는 장면이 곳곳에서 목격되었다는 점이에요. 홍콩 시민들이 한국의 민주화 운동을 다룬 영화 〈1987〉을 보고 감명을 받아 자연스레 노래를 배우게 되었던 거예요. 또 홍콩의 대표적인 민주화 운동 지도자 조슈아 웡은 한국의 촛불 혁명을 보고 깊은 감명을 받았다고 고백했어요. 그는 "한국이 23회의 대규모 촛불 집회로 대통령을 퇴진시키는 것을 보고 우리도 견디자고 했다. 결국 3개월 만에 법안을 철회하게 만들었다"라고 말했어요.

이렇듯 한국의 민주화 운동은 홍콩의 민주화 운동에도 큰 영향을 미쳤어요. 홍콩 시민들의 싸움은 5개 요구 조항을 얻기 위해 2020년까지 계속됐어요. 하지만 안타깝게도 코로나의 전 세계적 유행으로 중국 당국의 양보를 얻어내지 못한 채 종료되고 말았어요. 홍콩 시민들의 민주화 운동에 대해 더 많은 관심과 연대가 필요한 상황이에요.

에필로그

민주주의는 끊임없이 새로워져야 한다

평화적인 첫 여·야 정권 교체 이후 우리나라는 지금까지 순조롭게 민주주의를 발전시키고 있어요. 여·야 교체가 반복되고 시민들의 민주 의식이 높아지면서 이제 우리나라는 군사 쿠데타가 불가능한 나라로 평가받고 있죠. 과거에 있었던 것처럼 헌법을 마음대로 바꾸고 장기 집권하는 독재자가 다시 등장할 가능성도 거의 사라졌고요.

하지만 여기서 절대 멈춰서는 안 돼요. 간접 민주주의하에서 국민의 의사는 아주 제한적으로 표현될 수밖에 없기 때문에 선거를 통해 선출된 대표자가 제대로 국민의 의사를 반영할 수 있도록 끊임없이 감시하고 견제할 필요가 있거든요.

권력을 갖게 된 대표자는 권력의 힘에 취해 자칫 자기에게 부여된 권력이 국민에게서 나온 것이라는 사실을 잊을 때가 많아요. 그러므로 대표자가 잘못된 길을 가려고 할 때 국민이 제대로 일깨워줘야 합니다. 간혹 대표자 중에는 정치에 대한 혐오를 불러일으켜 국민의 관심이 정치에서 멀어지도록 만드는 사람들도 있어요. 하지만 그럴수록 우리는 정치에 더 많은 관심을 기울여 우리 민주주의가 잘못된 길을 가지 않도록 노력을 기울여야 해요.

또한 국민의 의사가 더욱 잘 반영될 수 있도록 법과 제도도 끊임없이 개선해 나가야 합니다. 아무리 민주적인 법과 제도였다고 하더라도 현실 상황이 바뀌면 더 이상 민주적이지 않게 되거나 현실과 맞지 않게 되니까요. 또 직접 민주주의를 구현하기 위해 적절한 기술과 제도를 도입하려는 노력도 계속해야 해요. 정치 과정에서 국민의 의사를 더 많이 반영할수록 민주주의 실현에 더욱 가까워질 테니까요.

민주주의 역사가 지속되면서 최근에는 '민주주의'라는 말이 가진 의미도 점차 확대되고 있어요. 과거에는 쉽게 외면받았던 소수자의 권리를 지키고 차별을 금지하는 것도 현대 민주주의에서는 아주 중요한 요소로 부각되고 있죠. 다른 인종에 대한 존중과 차별도 민주주의가 지켜야 할 아주 중요한 가치가 되고 있고요.

이렇듯 민주주의는 끊임없이 새로워져야 해요. 과거에는 미처 생각하지 못했던 인간의 권리를 새롭게 발견하고 지켜나가야 하죠. 나와 다르다고 해서 배척하거나 차별해서는 안 됩니다. 의견이 다르다면 더 많이 토론해서 타협해 나가야 합니다.

민주주의를 지켜나가는 데 가장 중요한 것은 무엇일까요? 그것은 바로 여러분 한 명, 한 명의 존재예요. 민주주의를 지켜나가려는 국민 한 사람, 한 사람의 의지가 민주주의를 지키는 유일한 방법입니다.

참고문헌

강인화, 「2019년 홍콩시위와 민주주의, 그리고 '탈식민'」, 『내일을 여는 역사』77, 내일을여는역사재단, 2019.
고정휴, 「대한민국 임시정부의 성립과정에 대한 검토」, 『한국 근현대사 연구』12, 한국근현대사학회, 2000.
고정휴, 「대한민국 임시정부의 통합정부 수립운동에 대한 재검토」, 『한국 근현대사 연구』13, 한국근현대사학회, 2000.
광주학생독립운동동지회 편, 『광주학생독립운동사』, 사단법인 광주학생독립운동동지회, 1996.
김성민, 『1929년 광주학생운동』, 역사공간, 2013.
김정인, 『민주주의를 향한 역사』, 책과함께, 2015.
김정인, 『독립을 꿈꾸는 민주주의』, 책과함께, 2017.
노영기, 『그들의 5·18』, 푸른역사, 2020.
마스이 다카시 외, 「1960년대 일본에서의 사회운동-학생운동을 중심으로」, 『역사문제연구』16-2, 역사문제연구소, 2012.
민주화운동기념사업회 엮음, 『한국민주화운동사』1~3, 돌베개, 2010.
서준석, 「자유당 정권에서의 정치테러」, 『서울과 역사』86, 서울역사

편찬원, 2014.
서중석, 『이승만과 제1공화국』, 역사비평사, 2007.
서중석, 『사진과 그림으로 보는 한국현대사』, 웅진지식하우스, 2020.
서중석 외 지음, 『6월 민주항쟁』, 한울, 2017.
연정은, 「자유당은 왜 두 개였나」, 『내일을 여는 역사』24, 내일을여는 역사재단, 2006.
오향미, 「독일 바이마르 공화국의 국가건설사상 연방제와 의회민주주의 원칙」, 『국제정치논총』43-4, 한국국제정치학회, 2003.
유바다, 「동학농민군의 민회 개설 시도와 서구 의회」, 『역사연구』45, 역사학연구소, 2022.
윤대원, 『상해시기 대한민국임시정부 연구』, 서울대학교출판부, 2006.
윤효정, 『신간회 운동 연구』, 고려대학교 박사학위 논문, 2017.
이균영, 『신간회 연구』, 역사비평사, 1993.
이나미, 「자유민주주의 대 민주주의」, 『내일을 여는 역사』58, 내일을 여는역사재단, 2015.
장은주, 「너지 임레의 헝가리 식 사회주의와 카다리즘-1956년 헝가리 혁명을 중심으로」, 『인문학연구』44-2, 충남대 인문과학연구소, 2013.
정환봉, 「류호정-조슈아 웡 대담… "홍콩 시위 한국 민주화 운동서 영감"」, 『한겨레』, 2020.6.10.
조한성, 『한국의 레지스탕스』, 생각정원, 2013.
조한성, 『해방 후 3년』, 생각정원, 2015.

조한성, 『만세열전』, 생각정원, 2019.
하원호, 「한말의 새로운 정치세력과 독립협회」, 『내일을 여는 역사』 14, 내일을여는역사재단, 2003.
한철호, 「만민공동회, 자주와 민권을 외친 최초의 근대적 민중 집회」, 『내일을 여는 역사』33, 내일을여는역사재단, 2008.
홍석률, 「4월혁명과 이승만 정권의 붕괴 과정 – 민주항쟁과 민주당, 미국, 한국군의 대응」, 『역사문화연구』36, 한국외국어대학교 역사문화연구소, 2010.
홍석률, 「4월혁명 직후 정군운동과 5·16쿠데타」, 『한국사연구』158, 한국사연구회, 2012.
홍석률, 『민주주의 잔혹사』, 창비, 2017.

사춘기 수업 시리즈

1318에게 꼭 필요한 지식 쏙쏙, 교양 쑥쑥!

이 책 한 권이면 흑역사는 끝

사춘기를 위한 맞춤법 수업

권희린 지음 | 13,000원

- 2022 씨앤에이논술 도서 선정
- 2022 아침독서 추천

중2병보다 무서운 무뇌력 탈출기

사춘기를 위한 문해력 수업

권희린 지음 | 14,000원

- 2023 세종도서 교양부문 선정
- 2023 학교도서관저널 추천
- 2023 아침독서 추천

내 삶에 꼭 필요한 어휘력 익히기

사춘기를 위한 어휘력 수업

오승현 지음 | 14,000원

- 2024 아침독서 추천
- 2023 출협 올해의 청소년 도서

생각을 춤추게 하는 동서양 고전 24

사춘기를 위한 관점 수업

이은애 지음 | 14,000원

- 2023 학교도서관저널 추천

클클문고

마음을 크게, 세상을 크게

5·18 민주화운동 40주년 기획 소설

저수지의 아이들

정명섭 지음 | 12,000원

'말'이 '칼'이 되는 순간

취미는 악플, 특기는 막말

김이환·정명섭·정해연·조영주·차무진 지음 | 13,000원

한국전쟁 71주년 기획 소설

1948, 두 친구

정명섭 지음 | 12,000원

성장통 이후에 깨닫는 나다움의 의미

어느 날 문득, 내가 달라졌다

김이환·장아미·정명섭·정해연·조영주 지음 | 13,000원

나를 즐겁게 하는 것들과 나 사이의 적정 거리

자꾸만 끌려!

김이환·장아미·정명섭·정해연·조영주 지음 | 13,000원

너무 힘들 때, 나를 보호해줄 유리가면이 있을까?

유리가면

조영주 지음 | 13,500원

청소년을 위한 해시태그 한국 민주주의사

초판 1쇄 인쇄 2024년 4월 23일
초판 1쇄 발행 2024년 4월 30일

지은이 | 조한성

발행인 | 박재호
주간 | 김선경
편집팀 | 강혜진, 허지희
마케팅팀 | 김용범
총무팀 | 김명숙

디자인 | 석운디자인
일러스트 | 최경식
교정교열 | 정재은
종이 | 세종페이퍼
인쇄·제본 | 한영문화사

발행처 | 생각학교
출판신고 | 제25100-2011-000321호
주소 | 서울시 마포구 양화로 156(동교동) LG 팰리스 814호
전화 | 02-334-7932 팩스 | 02-334-7933
전자우편 | 3347932@gmail.com

ISBN 979-11-93811-14-6 (43910)